朝日の「良心」か、
それとも「独善」か

本多勝一の守護霊インタビュー

大川隆法
Ryuho Okawa

まえがき

今の若い人たちは、本多勝一というジャーナリストのことはもう忘れているかもしれない。しかし、かつては大朝日新聞をバックにして、日本の良心・良識のようにスター記者として輝いていた時もあった。

ある意味では、日本の戦後の自虐史観《じぎゃくしかん》と大企業の発展を憎む共産主義的呪いの〝源泉〟あるいは、〝毒泉〟ともいえる人物かもしれない。本文中にもあるが、スター記者としての本多勝一は知っているが、朝日新聞の社長が誰かは知らない、という意味で、「かませ犬」的に大企業の朝日新聞に使われただけなのかもしれない。旧ソ連や中国の文化大革命のむごさ、ハエ一匹飛んでいないかに言われた「理想の国」の北朝鮮の実態が判るにつれて、良心が苦しんでいるのは本人自身かもしれない。

かつての新聞社の後輩や、同郷の高校の後輩にさとされて、もつれた心の糸がほどけていくのが判るのも本書ならではの面白さかもしれない。

二〇一三年　五月十八日

幸福実現党総裁《こうふくじつげんとうそうさい》　大川隆法《おおかわりゅうほう》

本多勝一の守護霊インタビュー　目次

本多勝一《ほんだかついち》の守護霊《しゅごれい》インタビュー

――朝日の「良心」か、それとも「独善」か――

二〇一三年五月十五日　収録
東京都・幸福の科学総合本部にて

4　「真実」か、「創作」か　50

7 **「過去世の記憶《きおく》」を辿《たど》る** 160

「霊言現象《れいげん》」とは、あの世の霊存在の言葉を語り下ろす現象のことをいう。これは高度な悟《さと》りを開いた者に特有のものであり、「霊媒現象《れいばい》」（トランス状態になって意識を失い、霊が一方的にしゃべる現象）とは異なる。外国人霊の霊言の場合には、霊言現象を行う者の言語中枢《ちゅうすう》から、必要な言葉を選び出し、日本語で語ることも可能である。

また、人間の魂《たましい》は原則として六人のグループからなり、あの世に残っている「魂の兄弟」の一人が守護霊《しゅごれい》を務めている。つまり、守護霊は、実は自分自身の魂の一部である。したがって、「守護霊の霊言」とは、いわば本人の潜在《せんざい》意識にアクセスしたものであり、その内容は、その人が潜在意識で考えていること（本心）と考えてよい。

なお、「霊言」は、あくまでも霊人の意見であり、幸福の科学グループとしての見解と矛盾《むじゅん》する内容を含《ふく》む場合がある点、付記しておきたい。

本多勝一《ほんだかついち》の守護霊《しゅごれい》インタビュー

――朝日の「良心」か、それとも「独善」か――

二〇一三年五月十五日　収録

東京都・幸福の科学総合本部にて

本多勝一《ほんだかついち》（一九三二〜）　※生年には諸説あり

ジャーナリスト、新聞記者。長野県生まれ。千葉大学薬学部卒業、京都大学農学部卒業（中退説もある）。一九五八年、朝日新聞社に入社、『ニューギニア高地人』などの人類学系のルポやベトナム戦争のルポで高い評価を得たのち、中国での旧日本軍の行為《こうい》に関する連載《れんさい》記事を執筆《しっぴつ》（『中国の旅』『中国の日本軍』として刊行）、大きな反響《はんきょう》を呼ぶ。その後《ご》、朝日新聞社を退社し、週刊誌「週刊金曜日」の創刊・編集に携《たずさ》わった。著書に『貧困《ひんこん》なる精神』等がある。

質問者　※質問順

小林早賢《こばやしそうけん》（幸福の科学広報・危機管理担当副理事長）

矢内筆勝《やないひっしょう》（幸福実現党党首）

綾織次郎《あやおりじろう》（幸福の科学理事 兼《けん》「ザ・リバティ」編集長）

［役職は収録時点のもの］

1　元「朝日スター記者」本多勝一《ほんだかついち》氏の本心に迫《せま》る

本多勝一《ほんだかついち》氏の言っていたことは、正しいのか

大川隆法　昨日《さくじつ》（二〇一三年五月十四日）、幸福実現党の矢内党首と、テレビ朝日「報道ステーション」のメインキャスター・古舘《ふるたち》氏（守護霊《しゅごれい》）との対談を行いました（『バーチャル本音対決』〔幸福実現党刊〕参照）。

そのとき、矢内党首は、朝日新聞に入った動機に言及《げんきゅう》し、「本多勝一《ほんだかついち》さんの本を読んで、朝日新聞の記者を志し、入社した。しかし、その後《ご》、〝朝日教〟から転向し、宗旨替《しゅうしが》えをした」というストーリーを語っていたのです。

それに対して、相手（古舘氏守護霊）は相手なりに打ち返してきていました。

その収録後、「本多勝一氏の言っていたことは、正しいのか、正しくないのか」

という、原点の問題は、やはり残ったような気がしました。

そこで、昨日《きのう》に引き続き、これについても調べてみたいと思います。

私は〝霊界《れいかい》ジャーナリスト〟のような気分になってきました（会場笑）。やはり、「『真実は何か』を知りたい。『何が正しいのか』を知りたい。『真理とは何か』を知りたい」という気持ちがあるのです。

「歴史認識」に引っ張られ、「現状認識」を忘れた？　安倍《あべ》政権

大川隆法　政治のほうでは、安倍《あべ》首相が、機嫌《きげん》良く、支持率を七十二パーセントまで上げていたのですが、いよいよ参院選が近づいてきたら、いつの間にか、包囲網《ほういもう》が敷《し》かれ始めつつあります。

ついこの前まで、「中国の領空・領海侵犯《しんぱん》は許さない」と言っているかと思ったら、いつの間にか、従軍慰安婦《じゅうぐんいあんふ》問題や、先の大戦のお詫《わ》びの問題など、「村山《むらやま》談話」のところに官房《かんぼう》長官が引きずり込《こ》まれており、今朝《けさ》の段階では、ついに、安倍首相

も、引きずり込まれて、「村山談話を全体として踏襲《とうしゅう》する」と言っていました。

中国は、今、口先で沖縄《おきなわ》を取ろうとし、外交的に侵略に取りかかってきています。そういう段階なのに、日本は、「過去に悪いことをした」と謝《あやま》っています。「歴史認識」は結構ですが、「現状認識」をお忘れなのではないでしょうか。それが心配です。

「最初にセットしたら、安倍さんは、そのとおり動くだろうが、途中《とちゅう》で応用問題が出てきたら、それを解けなくなるのではないか」と予想していましたが、案の定《じょう》、〝家庭教師〟がいないので駄目《だめ》なようです。参謀《さんぼう》不足ですね。

憲法改正のほうも、もう、負ける寸前まで来ています。憲法記念日（五月三日）から二週間たっていませんが、あっという間に、やられかかってきています。外遊している間《あいだ》に、国内を埋《う》められたものと思われます。

本多勝一氏は生年・学歴不詳《ふしょう》の「謎《なぞ》の人」

大川隆法　何度も蒸し返されているのは、要するに、「先の大戦での日本軍の行為《こうい》は、犯罪的行為だったかどうか」ということです。

そして、その原点の部分に、本多勝一という方もいると思います。

若い世代の人には、少し分かりにくいかもしれませんが、この人は、渡部昇一《わたなべしょういち》さんの世代に近い方です。

今、生きている人なのに、生年に関し、「一九三一年」「一九三二年」「一九三三年」など複数の説があるのです。これで朝日新聞に勤めていたわけですが、こんなことがあってよいのでしょうか。私には信じられません。

二〇〇九年の衆院選では、私も立候補しましたが、そのとき、「朝日新聞と東大の共同調査」と称《しょう》するものに経歴を書かされました。生年月日から出身校まで書かされたことを覚えています。その朝日新聞の記者だった人が、「自分の生年月日が分からない」とは、どういうことなのでしょうか。

本多氏は、千葉大学の薬学部を卒業し、薬剤師《やくざいし》の資格を取得したものの、その後《ご》、京都大学農学部に入り、「卒業した」とも「中退した」とも言われています。なぜか十月に朝日新聞に途中入社しているため、京大を卒業したのかどうか、分からない状態のようです。

本人の写真を見ると、サングラスをかけたものばかりなので、私も、「今日はサングラスをかけようか」と思ったのですが（笑）、本人としては、「謎《なぞ》の人」という印象を残したいのかもしれません。

私の学生時代には、彼は朝日のスター記者であり、「本多勝一」という名前は、けっこうビッグネームでした。独自に本を書いて出していましたし、本人の名前のほうが書名より大きい感じの本も出ていた気がします。「本多勝一は有名だ」と主張しているようではありました。

この人が、中国その他《た》での旧・日本軍の問題を掘《ほ》り起こしていったわけです。

本多氏と同時期に活躍《かつやく》し、やがて消えた人たち

大川隆法　それから、毎日新聞の大森実《おおもりみのる》というジャーナリストも有名でした。この人も、いろいろな取材を行うスター記者だったと思います。

また、記者ではなく作家に当たりますが、小田実《おだまこと》という人も活躍《かつやく》していました。「ベトナムに平和を！　市民運動」（略称「べ平連」）で有名になった人です。紀行文や潜入《せんにゅう》ルポのようなものを書き、行動する作家のような感じで流行《はや》っていました。フルブライト留学生にも選ばれた人だったので、頭は悪くなかったのだろうと思います。

ただ、彼らは、その後《ご》、みな、パッとせず、いつの間にか消えていきました。

このあたりの、時流に乗って体験派ルポ等を書いていた人たちは、要するに、時代の流れが変わってきたときに、書けなくなったのではないでしょうか。そういう印象が残っています。

つまり、ソ連邦《れんぽう》が崩壊《ほうかい》したり、中国の内情がかなり明らかになってきたりした段階で苦しくなったのでしょう。「その後、急に姿が消えていった」と感じているので、自分たちにとって都合《つごう》の悪いことが、たくさん出てきたのではないかと思います。

安保闘争《あんぽとうそう》で敗れ、東大教授も辞した、丸山眞男《まるやままさお》などと同じように、消えていった印象を持っています。

本多勝一氏らがビッグネームとして先を走っていたものの、遅《おく》ればせながら渡部昇一さんたちが出てきたあたりから、立場が引っ繰《く》り返ってきたような気がします。一九八〇年代には、まだ、保守系の言論人の人数は少なく、片手で数えられるぐらいしかいませんでした。

時代潮流としては、二つの安保闘争と日中国交回復、ソ連とアメリカの冷戦等のなかで、全体的に見ると、まだまだ「左」のほうが強く、特に言論界はそうであったと思われます。

もっとも、私自身は、そのころ、すでに左翼《さよく》思想に疑問を抱《いだ》いた一人ではあったわけです。

今回の霊言《れいげん》は「朝日の〝毒泉《どくせん》〟スクープ」になる可能性も

大川隆法　とにかく当時の本多氏にはスター性がありました。彼は、ある種のカリスマで、謎の部分があり、吸い込んでいくような力を持っていたような気がします。まだ亡《な》くなっていないので、今回は、本人の霊言《れいげん》ではなく、「守護霊の霊言」になります。本人がまだ生きておられるのは結構なことです。

朝日系の人の守護霊の場合、もうひとつ霊言が〝芳《かんば》しくない〟ことが多いのですが、本多氏の守護霊を呼んだことはまだないので、今回も保証はできません。今まで、守護霊が、自分が霊であることを自覚していないケースも多々ありましたし、霊であることを否定し、地上の本人と自分を同一視している守護霊もいたのです（『現代の法難《ほうなん》④』『朝日新聞はまだ反日か』〔共に幸福の科学出版刊〕参照）。

昨日《きのう》の古舘氏の守護霊は、「守護霊としての意識」を持っていたので、まだよかったのですが、自分が守護霊であることが分からない守護霊もいるわけです。

今回も、守護霊として独立した意見を持っているレベルまで行っていると、ありがたいと思います。

さあ、矢内党首は、「真実」に惹《ひ》かれたのでしょうか。本多氏に騙《だま》されたのでしょうか。あるいは、その後、〝邪教《じゃきょう》〟に引っ掛《か》かって、改宗させられたのでしょうか（笑）。今日、その秘密が明らかになるのではないかと思います。

質問者として、応援《おうえん》が二人、付いています。

（矢内に）「昨日《きのう》、やや失策をした」と自分で思っているところがあるなら、挽回《ばんかい》をしていただきたいと思います。

今日の相手は、難しい相手かもしれません。そうとうのものでしょう。

私は、今回の副題として、「朝日の『良心』か、それとも『独善』か」と書きました。実を言うと、最初は、「『朝日の毒泉《どくせん》スクープ』と付けようか」と思ったのですが、「さすがに三流週刊誌のような感じがするかな。やはり、上品さを失ってはならない」

と思って、こういう副題を仮に付けたのです。

ただ、内容によっては、どうなるか分かりません。「毒泉スクープ」に変更《へんこう》する可能性もあります（笑）。「まさしく、朝日の毒の源泉が、ここから湧《わ》いていた！」ということも、ないとは言えませんね。

そういうことで、守護霊としての意識があって出てきても、一筋縄《なわ》で行く人とは思えません。言論を弄《ろう》する人だと思います。そんなに簡単な相手ではないと思うので、頑張《がんば》って〝球〟をたくさん投げ、どこかで相手の本心が出るようになればよいでしょう。

当会の質問者たちは最強メンバーで来ていると思いますが、頑張ってください。

私も質問をしたいぐらいなのですが、彼の意見を代弁するには一定の教養が必要なので、霊言現象は、私が行わざるをえません。

こういう霊を体に入れると、〝やっつけられる〟のが私の仕事のようで、嫌《いや》な役ではあります。〝マゾ教祖〟のように見えてしまい、少し嫌なのです。

（聴聞者《ちょうもんしゃ》たちに）みなさん、もっと勉強なされて、（霊言現象が）ほかの人でも間に合うようになると、ありがたいんですけどね。

元「朝日新聞」記者、本多勝一氏の守護霊を招霊《しょうれい》する

大川隆法　では、始めます。

（合掌《がっしょう》し、瞑目《めいもく》する）

元「朝日新聞」の記者であり、スター記者として数々の著名な仕事を残した、本多勝一さんの守護霊をお呼びしたいと思います。

本多勝一さんの守護霊よ。

本多勝一さんの守護霊よ。

本多勝一さんの守護霊よ。

幸福の科学総合本部に降りたまいて、われらをご指導くださいますよう、心の底よりお願い申し上げます。

本多勝一さんの守護霊よ。

本多勝一さんの守護霊よ。

幸福の科学総合本部に降りたまいて、そのご本心を明らかにし、朝日新聞その他《た》のマスコミのあるべき姿、今後の姿、また、日本の政局のあるべき姿について、ご教示を賜《たまわ》りますよう、心の底よりお願い申し上げます。

（約二十秒間の沈黙《ちんもく》）

2 「守護霊の自覚」はあるか

あまり調子がよくなく、苦しんでいる本多守護霊

本多勝一守護霊　うーん……。

小林　本多勝一さんの守護霊ですか。

本多勝一守護霊　はあ？

小林　ちょっと苦しい感じでしょうか。

本多勝一守護霊　ううう。何だか、あんまり調子よくねえんだよな。

小林　それは、今の肉体のほう……。

本多勝一守護霊　肉体と言やあ、肉体だし……。

小林　そういう自覚は持っている……。

本多勝一守護霊　『貧困《ひんこん》なる精神』なんて書いたのが災《わざわ》いしたか、精神も貧困になったような感じがして、ちょっと苦しい感じがするな。

「認めてたまるか！」と言って、守護霊を否定する

小林　ご自身が守護霊であることの自覚は？

本多勝一守護霊　うん？

小林　地上の本多勝一さんとは、同じ魂《たましい》の一部ではあるのですが……。

本多勝一守護霊　守護霊……。

小林　今、幸福の科学の総合本部にいらっしゃるわけですが。

本多勝一守護霊　そういう宗教がオウムと一緒《いっしょ》に流行《はや》ってたのは知ってるけど、まだ存在してるのか。

小林　私の質問は、今、話しておられる、あなたご自身と、過去、数十年間、実際に記事を書いてこられた本多勝一さんの……。

本多勝一守護霊　なんで君たちは捕《つか》まらないんだ?

小林　逆に言うと、「なぜ本多勝一さんが糾弾《きゅうだん》されないのか」ということが、今日のテーマの一つです。

本多勝一守護霊　なんで君らに糾弾されなきゃいけないんだ?

小林　守護霊云々《うんぬん》について、明確にはなさりたくないようですが、広い意味では、守護霊も、いちおう本多勝一さんご本人なので、あなたにインタビューをさせていただければ、テーマとしては非常にすっきりします。

本多勝一守護霊　オウムが捕まったんだから、君らも死刑《しけい》になれよ、死刑に。十人ぐらい死刑になったら、世の中、すっきりする。

小林　今日の趣旨《しゅし》は、「本多勝一氏の守護霊を、ここにお迎《むか》えし、われわれのほうからインタビューさせていただく」ということなので、よろしくお願いできればと思います。

本多勝一守護霊　守護霊なんて、君ねえ、宗教教育に惑《まど》わされちゃいけないんだよ。そんなもん、認めてたまるか！

小林　分かりました。それでは、「本多勝一さんへのインタビュー」ということで結構です。

安倍《あべ》総理に「総理の資格はない」？

小林　世情のことは、よくご存じだと思いますが、いよいよ憲法改正のシーズンに入ってまいりました。安倍《あべ》政権が、憲法改正に向けて、歩を進めていたわけですが、なぜか、この二週間ほどで、急に、護憲派というか、平和勢力というか、私から言わせていただくと、「エセ平和勢力」というか、それに巻き返しをされているのですが……。

本多勝一守護霊　君の言葉は分かりにくいな。

小林　こうした動きの淵源《えんげん》の一つに本多勝一さんがいるように思われるので、今日は、そのへんについて、お話を伺《うかが》いたいと思います。

本多勝一守護霊　いやあ、それはねえ、安倍君に訊《き》きたまえ、安倍君に。「本多勝一先生の本は、お読みになりましたか」って訊きなさいよ。

小林　おそらく読まれていないと思います。

本多勝一守護霊　だから、総理の資格はないんだよ。

小林　だから、総理の資格があるのかもしれませんが……。

本多勝一守護霊　もう、最近、「あれには教養がない」というのが定説なの。「俺《おれ》を神様のように尊敬しろ」と言う本多守護霊

小林　時間の都合《つごう》もあるので、本題に入らせていただければと思うのですが……。

本多勝一守護霊　何だね？　君、いったい何の資格があって出てきてるんだ？

小林　いえいえ、お呼びしたのです。あなたをお呼びする権能や権限が大川隆法総裁にはございます。

本多勝一守護霊　俺《おれ》より若いんだろうがあ？

小林　でも、現に、ここに来ておられますでしょう？

本多勝一守護霊　知らんわな。

小林　来ざるをえなかったわけでしょう？

本多勝一守護霊　俺より若いんだろうがあ？　なら、尊敬しろよ！

小林　年齢《ねんれい》で物事を判断するとは、ずいぶん古いですね。

本多勝一守護霊　彼（矢内）は、朝日に入っただけ偉《えら》いよな。他のやつは、朝日に入れんかったんだろ？　「受ける気にもなれなかった」っていうことは、朝日のバーが高く見えたんだ。俺を神様のように尊敬しないといかん。

小林　そろそろ本題に入るので、そういう〝前座〟の話は……。

本多勝一守護霊　ああ、そうか。分かった。

3　矢内党首が垣間《かいま》見た「本多氏の実像」

本多氏の著作に騙《だま》され、朝日新聞に入社した矢内党首

小林　メインテーマに入る前に、率直《そっちょく》に言わせていただきたいことがあります。幸福の科学は、昔、本多さんに、ずいぶんな記事を書かれ……。

本多勝一守護霊　ずいぶんな!?

小林　ひどく迷惑《めいわく》を受けました。

本多勝一守護霊　ほう。

小林　そのときに、逆取材として、今、私の隣《となり》にいる、幸福実現党党首の矢内筆勝が、本多さんのところにお伺《うかが》いしたことがあります。

本多勝一守護霊　そんな太ったやつ、来たかなあ。

小林　そのときの情景描写《びょうしゃ》から入るのが今日の趣旨《しゅし》に最適だと思うので、矢内党首のほうから、「当時の本多氏は、どのような感じだったか」ということを話させていただきます。

（矢内に）では、よろしくお願いします。

本多勝一守護霊　（矢内に）君の味方はしねえぞ。（朝日新聞の）裏切り者。

矢内　本多勝一さん、お久しぶりです。

本多勝一守護霊　何が？　よく言うよ。

矢内　昨日も話しましたが、私が朝日新聞に入ったきっかけは、あなたが書いた本に影響《えいきょう》されたことですが……。

本多勝一守護霊　嫌《いや》な使い方をしたよな。ああいうときには、尊敬した使い方をするもんだよ。

矢内　いやいや、結論から言いますと、騙《だま》されました。

本多勝一守護霊　チェ！　なーに言ってんだ。印税が入ったんだから、いいじゃないの。

矢内　私だけではなく、日本全体が騙されており。

本多勝一守護霊　日本が？　なんでだよ。

矢内　また、世界全体が騙されています。

本多勝一守護霊　君ねえ……。

矢内　今日は、そのあたりを、しっかりと糾弾《きゅうだん》させていただきたいと思います。

本多勝一守護霊　まあ、いいや。君みたいなガキんちょが、「意見を言いたい」って言うんなら、言わせてやるよ。それだけ俺《おれ》は寛容《かんよう》だからさ。ちょっとは言わしたるさ。

矢内党首は広報局員として本多氏の捏造《ねつぞう》記事に抗議《こうぎ》した

矢内　本多勝一さん、先ほども話がありましたが、私が朝日新聞から幸福の科学に出家《しゅっけ》（奉職《ほうしょく》）したころ……。

本多勝一守護霊　朝日にビリで入ったのかあ？

矢内　幸福の科学を誹謗中傷《ひぼうちゅうしょう》した捏造《ねつぞう》記事を書かれたんですよ。

本多勝一守護霊　何言ってんだ。宗教って、全部、〝捏造〟じゃないか。君、バカなこと、言うんじゃないよ。

矢内　あなたには、宗教に対する、ものすごい偏見《へんけん》があるんですね。

小林　この内容は、全部、本になって出版されるので、お言葉には気をつけていただきたいと思います。

本多勝一守護霊　ああ、そうか。気をつけるよ。それはジャーナリストとして非常に非常に大事なことだ。あらかじめ言ってくれて、ありがとう。しっかり〝粉飾《ふんしょく》〟しなきゃいかんわ。

矢内　当時、私は幸福の科学の広報局にいたので……。

本多勝一守護霊　そうですか。

矢内　あなた（本人）のところに抗議《こうぎ》に行きました。

本多勝一守護霊　じゃあ、言葉を丁寧《ていねい》にします。

矢内　私があなたに会うのは初めてだったのですが、あなたの噂《うわさ》は聞いていました。「朝日のスター記者だった」ということで……。

本多勝一守護霊　だった？　過去形か？

矢内　当時は、「週刊金曜日」に行かれていたので……。

本多勝一守護霊　理想的なものをつくったんだけど、おまえらみたいには金がねえから、続きやしねえ。

矢内　過去のスター記者として名が轟《とどろ》いていたので、「どんな方なのだろう。堂々とした方なのかな」と思い、少し楽しみにしていたのです。

本多勝一守護霊　何か過去形が多いなあ。

カツラや付け髭《ひげ》で変装し、手がブルブル震《ふる》えていた本多氏

矢内　事務所に行き、お会いして抗議したのですが、あのとき、本多さんは、カツラをかぶり、サングラスをかけ、付け髭《ひげ》を付けていました。

本多勝一守護霊　チェッ！　おまえなあ、〝人権侵害《しんがい》〟をするんじゃないよ。〝人権侵害〟は、朝日にとって、いちばんいけないことだ。

矢内　どう見ても、変装していたんですよ。

本多勝一守護霊　変装……。

矢内　そして、「これは完全な捏造じゃないですか」と私が言ったら、本多さん、あなたの手はブルブル震《ふる》えていたんですよ。

本多勝一守護霊　おまえ、人権侵害だ！　これ、活字になって残るんだぞ！　訴《うった》えるぞ！　二億円、現金を用意しろ！

矢内　これは事実です。私は、あのとき、あなたの姿を見て、心底がっかりしたのです。

本多勝一守護霊　年を取ったら、人間は……。あんただって、六十を超《こ》えたら、どうなるか、分からないよ。脳溢血《のういっけつ》で倒《たお》れたら、そうなるんだから。

矢内　私は、あなたを、「日本を代表するジャーナリストの一人だった」と思っていたのですが……。

本多勝一守護霊　言葉を丁寧にしなくてはいけないけど、過去形を何回も使われたら、俺、手裏剣《しゅりけん》でも飛んでくるような感じがするんだよ。

矢内　自分の書いた記事に対して抗議に来た人の前に、変装して現れ、怯《おび》えていたのを見て……。

本多勝一守護霊　俺の記事に抗議に来ること自体が間違《まちが》ってるよ。

矢内　私がイメージしていた、「スター記者として、堂々とした人」ではありませんでした。「自信を持って記事を書いているはずだ」と思っていたのですが……。

本多勝一守護霊　嘘《うそ》つき！　朝日新聞の本社が、どれほど警備してるか、知ってんのか。右翼《うよく》が怖《こわ》くて、朝日なんか、もうガチガチじゃないか。

矢内　あなたに、人間としての底の浅さを感じ、私は、心底、がっかりしたのです。

本多勝一守護霊　年を取ったら、みんな、駄目《だめ》に見えるんだよ。

本多氏がおびえる数多くの敵の影《かげ》

小林　「正しいことを主張している」という自信があれば、手がブルブル震えるなど、そういう、みっともないことは、しなくても済むわけでしょう?

本多勝一守護霊　「右翼《うよく》が来た」と思うじゃないか。

小林　「朝日新聞阪神《はんしん》支局襲撃《しゅうげき》事件」のときには堂々としていたのではないですか。

本多勝一守護霊　右翼の前科二十七犯か。どうだよ?

小林　あなたが世の中に見せている姿と、あなたの現実の姿との間《あいだ》には、ずいぶんギャップがあります。事実を報道しているのであれば、自信があるはずなのに、なぜ自信がないのでしょうか。そういうことを、お訊《き》きしているのです。

本多勝一守護霊　ペンで書く人間は、剣《けん》で人を殺す人間とは種類が違うんだ。

矢内　ペンを使って論争するのも、ある意味で、「生きるか、死ぬか」なんですよ。相手の社会的地位を奪《うば》うこともあるわけですからね。

本多勝一守護霊　言ったなあ。

矢内　やはり、自分が、それを「真実だ」と思うなら、堂々としているのが、ジャーナリストのあるべき姿だと思います。ところが、あなたは、そうではありませんでした。

本多勝一守護霊　俺みたいな人間には敵が多いからな。いきなり刺《さ》しに来るやつが出てくるといけないから、気をつけないといかんのだよ。

矢内　普段《ふだん》から変装し、右翼など、抗議する人から逃《に》げていたのが、あなたの真実ですよね。

本多勝一守護霊　俺のペンを封《ふう》じようとすれば、刑務所《けいむしょ》に入る覚悟《かくご》で来て、短刀一本で刺せば済むからさあ。おまえらみたいな宗教だったら、そういうのを、いくらでも金で雇《やと》えるからね。おまえが、ヤクザか、本当に広報局員か、分からんじゃないか。

矢内　「逃げ隠《かく》れするような羽目《はめ》になる仕事をしていたのだろうな」と思いました。

本多勝一守護霊　そらあ、会社なら、大きな組織だから、守れるところもあるけどさ。

小林　本多さんは、記事に関する損害賠償《ばいしょう》訴訟《そしょう》を起こされ、敗れたこともありますしね。

4 「真実」か、「創作」か

本多氏の「捏造《ねつぞう》写真」の数々が、世界中に広まった

小林　本題に入ります。

（本に掲載《けいさい》されている写真を示して）この写真をご存じですよね。

本多勝一守護霊　うん？

小林　（撮影《さつえい》スタッフに）アップにしてください。

これは、あなたが『中国の日本軍』という本を書いたときに採用した写真です。あなたは、これに、「日本の軍人に中国の女性が拉致《らち》されているところの写真です」

というようなキャプション（説明）を付けて、世界にばら撒《ま》きました。

ところが、これは、実際には、戦前の「アサヒグラフ」（一九三七年十一月十日号）に載っていた写真で、「日の丸部落という友好的な村の女性が、日本軍に守られて野《の》良《ら》仕事から帰ってくる様子」を撮《と》ったものでした。

そういう写真であることを、当時の「アサヒグラフ」がきちんと説明していたにもかかわらず、あなたは、それを、「中国人が拉致されているところ」と偽《いつわ》り、自分の著作に載せたので、この写真は中国の南京大虐殺《ナンキンだいぎゃくさつ》記念館にも展示されました。

しかし、やがて「嘘《うそ》だ」と分かったので、さすがに中国政府も恥《は》ずかしくなり、あとで、その写真を引っ込《こ》めています。

あなたは、こういうことを、ずいぶんしてきたんですよ。

本多勝一守護霊　私、目が遠くなってね、あんまりよく見えないのよ。

小林　話をそらさないでください。

（別の写真を示して）もっと有名な写真は、これです。あなたは、これに、「日本人の軍人が中国人の家のなかからニワトリを略奪《りゃくだつ》した写真です」という説明を付け、著書に載せています。

ところが、これも、同じく朝日の戦前の画報に載っていた写真であり、実は、これは、朝日の記者が、友好的な農家へ行き、きちんとお金を払《はら》ってニワトリを頂いたときのものです。その様子を撮った写真なのに、あなたは、話をすり替《か》え、この写真を世界中に広めました。

あなたに関して、同様の事例はたくさんありますが、これ以上は申し上げません。ただ、あなたが捏造《ねつぞう》を数多く行ったため、それをまねた事例もあります。

（さらに別の写真を示して）これは、直接あなたには関係のない事例ですが、「日本軍が羊を盗《ぬす》んだ写真」と言われています。実際には、「中国人の飼い主がいなくなり、困っている羊たちを、日本兵が集めて助けている」という写真なのですが、こういう写真も、あなたのやり方をまねた人によって、「日本兵が羊を略奪した」という話にすり替えられ、全世界にばら撒かれたのです。

朝日は、日本人の良心を締《し》め上げることで、飯《めし》を食ってきた？

小林　結局、あなたの書いてきた作品は、こういうことのオンパレードだったわけですよ。

本多勝一守護霊　それはマスコミの本質じゃない？

小林　要するに、そういうことをしてきた事実を認めるわけですね。それを記録に遺《のこ》していただければ結構です。

本多勝一守護霊　事件がなけりゃ、事件を「創作」するのが、マスコミの仕事でしょ？

小林　「南京事件」も含《ふく》めて、全部、創作だったわけですね。

本多勝一守護霊　朝日は、長年、それでみんなが食えたんだから、いいじゃないの。

小林　朝日は、それで食ってきたわけですね。「南京事件の創作によって、朝日は食ってきた」と……。

本多勝一守護霊　それは、そうだよ。日本人の良心をキリキリ締《し》め上げることで、飯《めし》を食ってきたんだから。

小林　それが本多勝一さんの証言であるわけですね。

本多勝一守護霊　（矢内を指さして）それで給料が出て、肉がいっぱい身についてるんだからさあ。

中国が準備した証言者にしか取材していない『中国の旅』

綾織　あなたの『中国の旅』という本も、同じように、「つくり上げたもの」なのですか。

本多勝一守護霊　そーんなことはないけど、君たちだって、ちょっと行って「接待」されたら、すぐ、その気になるよ。

小林　要するに、「接待」されたわけですね。

本多勝一守護霊　向こうも「接待」ぐらいはするだろうよ。

矢内　この『中国の旅』の内容は一九七一年に朝日新聞に連載されたのですが、実は、この『中国の旅』がきっかけになって、戦後、「日本軍は、中国大陸で、南京大虐殺など、とんでもないことをした」という話が広まったのです。

南京大虐殺に関しては、東京裁判でアメリカが提示し、「こんなことがあったらしい」という話をしたのですが、一九五二年にサンフランシスコ平和条約が結ばれて以降、南京大虐殺のことを、日本人は、みな、忘れていました。事実ではなかったからです。

しかし、一九七〇年になってから、あなたが、それについて書いたわけです。

この本の「まえがき」にも、「日本軍がひどいことをした」と書いてあるのですが、そこには、あなたがどういう取材をしたのか、書かれています。それによると、中国の外交部（外務省）の新聞司を訪《おとず》れ、向こうが準備していた証言者たちと順番に部屋で会い、その話を聴《き》いて書いたそうですね。しかも、あなたは、「これは中国側の視点から書いたのだ」と述べて、開き直っています。

小林 「取材対象を自分で探したのではなく、全部、用意してもらい、形式上のインタビューをしただけだった」ということですね。

本多勝一守護霊 今だって一緒《いっしょ》じゃない？ 今の中国も北朝鮮《きたちょうせん》も一緒だよ。

小林 「今も、そういうことを、朝日も含め、やっている」ということですね。報道協定で手足を縛《しば》られているから……。

本多勝一守護霊 向こうが用意したもの以外、取材できない。

小林 「今の日本の新聞やテレビによる中国報道は、基本的に、用意されたものを右から左に流しているだけ」というように、本多勝一さんも、いまだに見ているわけですか。

本多勝一守護霊　そうだよ。自分たちで自由に取材できるわけないじゃない。すぐ殺されるよ。

小林　「そうしないと、殺される」ということですね。分かりました。

本多勝一守護霊　向こうが準備した所しか取材できない。北朝鮮に取材に行ったって、いつも、賑《にぎ》わってる所しか見せてもらえない。

矢内　ただ、本多さん、あなたが、ジャーナリスト、マスコミ人なら、何か書く場合には、証言の裏付けをとり、それに加え、反対側の立場にいる証言者にも取材しなくてはいけないんですよ。

本多勝一守護霊　それは無理だわ。それをやったら、中国から永遠に出られない。

矢内　例えば、中国側の証人に取材したならば、その当時、南京に行っていた、旧・日本兵の人たちにも取材して、「実際には、どうだったか」ということを調べ、両方の主張を平等に書かなくてはいけません。これが、あなたの本来の仕事です。

本多勝一守護霊　それは朝日の敵がやることだな。朝日の敵が、それを取材して書けばいいんだよ。

矢内　あなたは、日本国内に関して、一切《いっさい》、取材していません。それでは不十分ではないですか。

本多勝一守護霊　「できないんだ」って言ってるじゃないか。

でっち上げる数字は大きいほどインパクトがある

小林　要するに、中国のプロパガンダ（宣伝）の片棒を担《かつ》いだことを認めるわけですね。

本多勝一守護霊　いや、それでもだねえ、日本側がちょっと悪く見えても、「日中友好の誘《さそ》い水になる」と考えて、やっているところに、良心があるわけよ。

綾織　本多さんの場合、「日中友好」とは、どういうイメージなのですか。

本多勝一守護霊　日本側は、トータルで見たら、先の大戦で中国人に被害《ひがい》を与《あた》えたことは間違《まちが》いないわけであるから、本当は、足蹴《あしげ》にされようと、殴《なぐ》られようと、殺されようと、しかたがない状況《じょうきょう》であるにもかかわらず、中国が、あえて取材を受け入れてくれるんだからさあ……。

小林　これは、とても重要なことです。その話の前提は、「南京大虐殺などが事実としてあった」ということですが、今、あなたは、「それは事実ではない」と認めたでしょう？　つまり、議論の前提は、すでに崩《くず》れているんですよ。

本多勝一守護霊　いや、それは調べようがないでしょ？

小林　そのロジックは、つまり、「調べようがないから、ざまを見ろ」ということでしょう？　しかし、その立論は崩れています。左翼《さよく》の人は、いつも、そのワンパターンでものを言うのですが、すでに立論が崩れているのです。

本多勝一守護霊　いや、多少は分かってるけどさあ。

小林　これについて、分かっているわけでしょう？

本多勝一守護霊　今だって、統計が……。中国人が十三億人いるか、十四億人いるか、中国政府でさえ分からないんだからさあ。

小林　「だから、この程度は、よい」と？

本多勝一守護霊　「一人っ子政策が行き渡《わた》って成功してる」と言ってても、子供を七人も持っている人が出てくるんだから、そんなもん、信用できるわけないだろうが！

小林　それは、「本当は五十人ぐらいしか兵士が死んでいないにもかかわらず、それを三十万人にでっち上げたけれども、そんなものは誤差の範囲《はんい》だ」と言っているのと同じではありませんか。

本多勝一守護霊　まあ、数字の大きいほうがインパクトは大きいわなあ。

小林　要するに、それが目的だったわけですね。そして、「今の朝日新聞もそうだ」と……。

本多勝一守護霊　（矢内に）騙《だま》された君が悪いんだから、しょうがないんだよ。

「捏造《ねつぞう》記事」の背景にあるもの

矢内　あなたがこの記事を書いた背景として、次のようなことがあります。

日中国交回復の前に、まず、「記者を交換《こうかん》しよう」という話し合いがなされ、一九六四年に、日本と中国との間で「記者交換協定」が結ばれました。

本多勝一守護霊　はいはい。

矢内　そのなかに、簡単に言えば、「中国が嫌《いや》がる報道はしない。その代わり、特派員を中国に置いてやる」という協定があり、それは今も生きています。これが、実は、朝日新聞の中国報道を支えていたのです。

そして、一九七〇年には、朝日新聞の当時の広岡知男《ひろおかともお》社長が、中国に丸一カ月も出張していましたが、その後《ご》、朝日新聞の記者だけは、ほかのマスコミが追放されても、ずっと中国に残っています。

小林　当時、中国の真実を報道しようとして、産経も毎日も、またテレビ局も中国から追放されたのに、なぜか朝日だけは追放されませんでした。

矢内　中国滞在《たいざい》中には株主総会があったのに、朝日の社長は、それをすっぽかして、一カ月も中国にいたんですよ。

本多勝一守護霊　それはマスコミ人の鑑《かがみ》だと思うなあ。「株主総会をすっぽかしてまで、向こうにいる」っていうのは、すごいことだよ。それで取材を独占《どくせん》できるんでしょう？　これは理想だよなあ。

小林　要するに、「それで、いろいろな打ち合わせが終わったあとに、あなたの連載が朝日新聞で始まった」ということを言いたいわけです。

矢内　「中国共産党と、いろいろな話し合いをした上で、あなたが派遣《はけん》された」ということですからね。

本多氏の捏造《ねつぞう》記事が日本の「自虐《じぎゃく》史観」の源泉となった

小林　先ほど、ご自身で「接待」とおっしゃいましたが、その「接待」の結果、あなたが書かれた最初の記事が、実は、この記事だったわけです。

本多勝一守護霊　言わせてもらえば、君、私だって被害者なんだよ。私は、朝日新聞の〝かませ犬〟(闘犬《とうけん》で、かまれ役に徹《てっ》する犬のこと)に使われたわけだからさあ。私は、そういう役割でスターにしてもらったけど、実際、「いざ」というときには殺される役なんだ。それで書いてるんだよ。

小林　その議論の前提は、「話の内容は、でっち上げだ」ということですよね。「でっち上げがばれたときに〝詰《つ》め腹《ばら》〟を切らされる役だ」ということが、最初からの約束だったわけですね。

本多勝一守護霊　そんなもん、今も昔も一緒だよ。テレビ朝日が取材したって、反対の意見ばっかり集めりゃ、全員が反対しているように見えるじゃない。

矢内　ただ、本多さん、あなたが書いた捏造《ねつぞう》記事の影響力《えいきょうりょく》には、非常に大きなものがあります。

本多勝一守護霊　君が騙された責任は私にはないよ。

矢内　あなたがこれを書いたあと、ほかのマスコミが、こぞって、「スター記者の本多勝一を見習え。『日本軍は、中国で、どんなひどいことをしたのか』というような記事を書けば、部数が伸《の》びる」と考え、いろいろなところが、そういう記事をつくって、書き始めたのです。

日本の「自虐《じぎゃく》史観」の源泉は、実は、ここにあるのです。

本多勝一守護霊　いや、報道の自由の源泉が、そこにあったんだよ。

〝言論の神〟〝自由の神〟を自称《じしょう》する本多守護霊

矢内　しかも、あなたが書いた「南京大虐殺」の記事に基《もと》づいて、中国も日本を攻《こう》撃《げき》し始めた。

本多勝一守護霊　（舌打ち）嫌なことを言うなあ。

矢内　これは事実です。

本多勝一守護霊　戦前の日本には言論・報道の自由がなくて、日本国を宣伝する記事しか書けず、朝日は苦しんだんだ。だから、「日本を攻撃する記事が書ける」っていうことは、言論の自由そのものなんだよ。その言論の自由を開いたのは私だから、私は〝言論の神〟なんだよ。〝自由の神〟なんだよ。

矢内　朝日新聞は、中国に関する記事を独占していたわけです。そして、商売のために、あなたを利用した。あなたも、スター記者になったわけですから、その商売に乗ったんですよ。言論の自由じゃない。

小林　先ほどの話だと、この構図は、基本的に今も続いているのでしょう？

本多勝一守護霊　そうだよな。

小林　当時の広岡社長が、あなたを利用して世論《よろん》誘導をしたのと同じ構図が、今でも、朝日をはじめとして、いろいろな新聞社やテレビ局で続いているのです。

本多勝一守護霊　いや、私は日本の〝良心〟ですよ。日本人を反省させ、「一億総懺悔《ざんげ》」をさせたわけだからね。私は日本の〝神〟みたいなものですよね。

「歴史の真実」が明らかになれば、今の中国の体制は崩壊《ほうかい》する

小林　実際に悪いことをした場合には、そういう論理が成り立ちますが、それが事実ではなかったことが分かってきたわけですよね。

本多勝一守護霊　しかし、少なくとも中国では先の大戦で二千万人ぐらいは死んだことになってる。六千万だったかな。

小林　それも多くは、中国人が自国民を殺しているわけでしょう?

本多勝一守護霊　ほとんどは中国共産党が内戦で殺してんだけどさあ。

小林　そうですよね。

本多勝一守護霊　だけど、中国共産党が殺したのは、全部、日本軍が殺したことになってるんだろうとは思うけどさあ。

矢内　あなたの記事を通して、「南京大虐殺」だけではなく、「三光《さんこう》作戦」や「万人《まんにん》坑《こう》」などについても、「日本軍が、こんなひどいことをした」というようなかたちで伝えられていますが、「実は中国人が殺したのではないか」と言われてもいます。

中国国内の紛争《ふんそう》や殺し合いも、全部、日本のせいにされているんですよ。これは大変な捏造じゃないですか。

本多勝一守護霊　ただ、君ねえ、過去形にしちゃいけないよ、過去形に。中国の現在ただいまのテレビだって、抗日《こうにち》でねえ、一人で日本人を三十人ぐらい蹴り殺したりするようなドラマが、流れまくってるんだからさあ。彼らにとっての真実だよ。

小林　それは一九七〇年代以降の話であって、あなたの記事を受けて始まったんですよ。

本多勝一守護霊　「中国人が中国人を殺した」なんて、実に、まずいじゃないか。だから、日本人が殺したことにしたほうがいいじゃないの。

小林　その真実を明らかにすると、はっきり言って、今の中国の体制は崩壊《ほうかい》するでしょう。

本多勝一守護霊　するでしょうね。

小林　嘘に塗《ぬ》り固められた体制ですからね。だから、今、あなたが、それを証言してくれることによって、世界中に真実が明らかになってきているわけです。そういう意味では、たいへん感謝申し上げています。

本多勝一守護霊　宗教なんて、全部、〝捏造〟で飯を食ってるんだから、そんなとこに暴《あば》かれるいわれはないじゃないか。

「南京大虐殺《ナンキンだいぎゃくさつ》」等の記事は、裏取りのない〝確信記事〟

綾織　今あなたが話していることは事実ですよね。真実ですよね。

本多勝一守護霊　何だか、よく分からないんだよ。これがどういうことかは、よく分からないよ。

矢内　あなたは、当時、「捏造記事だ」と知って書いたわけですね。

本多勝一守護霊　捏造記事……。そんなことはないよ。ジャーナリストに「捏造」っていうことは……。

小林　でも、一切、裏を取らなかったではないですか。

本多勝一守護霊　いやあ、〝確信記事〟ですよ。

小林　では、歴史のために、もう一点だけ確認させていただきます。あなたの書いた有名な記事に「百人斬《ぎ》り」があります。

本多勝一守護霊　ああ。それが来るかあ。

小林　私にとって、あなたとの最初の〝出会い〟は、別に、あなたの著書ではなく、あまりにもばかげた「百人斬り」に反論した、故・山本七平《やまもとしちへい》さんの著書でした。彼も言っていましたが、日本刀なんて、最大でも、せいぜい二人ぐらいしか斬れないんですよ。どうやって百人も斬るのですか。五十本の日本刀を背中に担いでいたのですか。当時、山本七平さんが、「冗談《じょうだん》もいいかげんにしろ」と言って批判していました。ああいう記事を平気で書いていますが、それも「嘘だ」と分かっていたわけでしょう?

本多勝一守護霊　いやあ、噂《うわさ》はあったんだよ、噂は。

小林　だから、噂だけで書いたわけでしょう?

本多勝一守護霊　ああ、噂でね。うん。

小林　それを、今回、この霊言《れいげん》を通して記録に遺していただければ、解決します。

本多勝一守護霊　だから、中国にとっては、「いかに日本人が残虐《ざんぎゃく》か」っていうことを言うことが、愛国心の表れであったわけだ。戦時中の日本人にとっては、アメリカ人は「鬼畜米英《きちく》」だったね。それと同じで、向こうにとって日本人は「イエロー・モンキー」で、こっちは「鬼畜米英」で、一緒なんだよ。

「ヨーロッパ列強への恨《うら》み」を日本に向けている中国

小林　「中国にとっては、自分たちの失政をごまかすために、日本を悪者にしなくてはいけなかった」という構図を、あなたは、ご存じだったわけでしょう?

本多勝一守護霊　中国の恨《うら》みは、ほんとは日本に対してだけじゃないんだよ。アヘン戦争以後、ヨーロッパ列強に分割《ぶんかつ》され、奪《うば》われまくり、侵《おか》されまくった歴史があるけど、それを言えないので、全部、恨みを日本に持ってきてるのさ。

小林　その部分に関しては、これから、われわれは、東京裁判史観の見直し、その他《た》を通じて、清算していきます。

中国には、日本に対して、そういう罪を押《お》しつける権利はありませんし、日本を非難することは、中国自体が、チベットや内モンゴル、ウイグルで何百万人も殺したことの正当化にはなりません。

あなたは、日本の罪を捏造することによって、少なくとも、そういった殺人を推《お》し進め、正当化する一端《いったん》を担《にな》っていますよ。日本は、それを押しとどめる、強力な抑止力《よくしりょく》となりうるのに、それを抑《おさ》え、中国政府のお先棒《さきぼう》を担《かつ》いでいるのは、あなたじゃないですか。

本多勝一守護霊　だけど、朝日がクオリティーペーパー（高級紙）として名を成したことには、私の力がそうとう効いてるんですよ。（矢内に）君も、その恩恵《おんけい》に与《あずか》ったんだからさ。

矢内　恩恵になど与っていません。

中国の抗日《こうにち》記念館では捏造《ねつぞう》写真のオンパレード

矢内　あなたには大きな罪があると思います。あなたが捏造《ねつぞう》した歴史観が、中国の反日教育の根幹に据《す》えられているんですよ。私は、中国に行き、北京《ペキン》の近くにある、抗日《こうにち》記念館を見てきましたが、そこでは、あなたが使った捏造写真のオンパレードです。そこには、中国の子供たちが、小学生も中学生も高校生も、反日教育の一環《いっかん》として、社会科の授業の際、年に二回ぐらい行かされているんですよ。そして、その写真などを見て、日本人に対する憎《にく》しみを植え付けられているのです。その教材は、あなたが捏造したものです。

本多勝一守護霊　だから、「中国の政治家は日本の政治家より優秀《ゆうしゅう》だ」ということだよ。

小林　要するに、今の矢内党首の議論を「認める」ということですね。

本多勝一守護霊　（日本の政治家は）向こうが間違っていることでも謝《あやま》るんだろう？　向こうは、積極的に嘘をつくり出してでも、相手を洗脳し、自国民も洗脳するんだろう？

小林　今、「中国政府が言っていることは積極的な嘘だ」と認めているわけですね。

本多勝一守護霊　まあ、「認めて」というか、せっかく国レベルでの付き合いが始まって、「そういうことをやろう」という、歴史的な事業の瞬間《しゅんかん》に、一記者として立ち会ってる、その感激のなかにいたら、君ねえ、筆だって勝手に動くだろうよ。

アメリカが「中国の主張」を認める理由

矢内　あなたは、あまりにも無責任すぎるんですよ。「一記者」と言っていますが、あなたが書いた、間違った記事によって、どれだけの人たちが、今、不幸な状況に追いやられようとしているのか、知らないんですか。

本多勝一守護霊　でも、実際には、そんなことは……。

矢内　もう一つ言うと、あなたが嘘の歴史を書いて日本全体に衝撃《しょうげき》を与えた、そのあと、日本の教科書にも、南京《ナンキン》大虐殺が書かれるようになりました。朝日のスター記者であるあなたが書いたから、ある意味、朝日の権威《けんい》で教科書が採用するようになったのではないですか。日本の「自虐史観」の根本《こんぽん》、源泉は、あなたにあるんですよ。

本多勝一守護霊　いやあ、君は、まだ裏を知らない。それが流行《はや》った理由は、アメリカがそれを信じたかったからだよ。それが裏なんだから、しょうがないよ。

小林　それは知っています。別に裏でも何でもありません。

本多勝一守護霊　アメリカは、「自分たちが日本に対して残虐行為《こうい》をした」っていうことを遺したくないから、それを消すために、「日本が中国でいかに残虐だったか」っていうことを認めさせようとした。それは米中共同だよ。そのくらい（日本が）残虐でないと、（アメリカも）困るわけよ。

小林　アメリカは、何十万人か、広島と長崎《ながさき》と東京で殺したことを、正当化したかった。そんなことは〝バレバレ〟の表《おもて》ですし、われわれは、これから、それについての議論を行います。別に、あなたにご心配いただかなくても、その部分の歴史の修正を行うつもりです。

本多勝一守護霊　それはアメリカのお墨付《すみつ》きなんだから。

小林　だから、「そのお墨付きが間違っている」という議論を行うので、そのことをあなたに指摘《してき》していただく必要はないんですよ。

本多勝一守護霊　私は一記者として書いたけども、それに反論しようと思えば、ほかの記者が書けばいい。それは、反対の記者が書くべきだ。それが言論の自由じゃないですか。

先の大戦で「皇軍の勝利」を書いて煽《あお》り立てていたのが朝日

小林　当時、広岡社長は、朝日が中国報道を独占するために、いわば売国的な協定を結んだわけですが、その構図が、今の日本にも、いろいろと影響を与え続けていることは、やはり問題ではないのでしょうか。

あなたに、そのことを認める発言をしていただければ、それで結構なのです。

本多勝一守護霊　いや、私は自分を日本の〝良心〟だと思ってますよ。だって、死にたくもない日本人が、先の大戦で、少なくとも三百万人も死んだわけだから、その戦争は、やはり、やるべきではなかった。しかし、その、やるべきではなかった戦争について、一生懸命《いっしょうけんめい》、皇軍の勝利を書いて、提灯《ちょうちん》行列を煽《あお》り立てたのが朝日新聞なので、その反省に基づき、それとは逆のことを書くのは、全然おかしくないことだ。

矢内　そういう反省は、朝日新聞のなかに一部ありますけどね。「日本人を死地に追いやった」という……。

本多勝一守護霊　朝日が応援《おうえん》したからね。

矢内　だからといって、あなたが嘘の記事を書いてよい理由にはならないんですよ。

本多勝一守護霊　いいじゃないか、反省のためだったら。「一人殺した」「二人殺した」じゃ、そんなの、反省にならないでしょうが。三十万でも二百万でも殺してもらわないと、反省できないじゃないですか。

小林　だからといって、中国がチベットで百万人以上を虐殺することを、正当化する理由にはなりません。

例えば、カンボジアでは、クメール・ルージュ（ポル・ポト政権）が二百万人を殺しましたが、それに関する初期の報道で、あなたは、「あれは共産勢力による虐殺ではない」と言い続けました。

ところが、「ニューヨーク・タイムズ」など、アメリカの報道が真実を明らかにすると、あなたは急に手のひらを返しましたよね。

あなたは、スタンスとして、内心ではカンボジアの共産勢力の行為を肯定《こうてい》していたんでしょう？　「そういう人には、『三百万人もの死んだ日本人を弔《とむら》うために』というようなことを言う権利も資格もない」と言いたいのです。そういうことを、そろそろ、歴史の検証に耐《た》えられるかたちで、明らかにしなくてはいけないのではないでしょうか。

「私は一種の教祖だった」と称《しょう》する本多守護霊

本多勝一守護霊　君ねえ、何だか、全部、私が悪いみたいな言い方をするじゃない？

それを信じた人がいるから、そうなったわけだよ。教祖がいくら嘘をついても、それを信じる人がいなければ、一人の嘘つきがいるだけだ。それを信じる人がいたら、信じた人は同罪なんだって。

私は宗教をよく研究してるんだよ。私は一種の教祖だったわけよ。

小林　自分の影響力に酔《よ》っているわけですね。

本多勝一守護霊　〝教祖〟の言うことを信じる人が、それだけいたんだからさあ。朝日の読者は何百万人もいたわけだから。

小林　だから、「信じたやつが悪い」「朝日新聞の読者が悪い」と？

本多勝一守護霊　ああ。私は〝教祖〟だから、大川隆法より偉《えら》いのよ。

5 「屈折《くっせつ》した過去」の影響《えいきょう》

「人生は屈折《くっせつ》している」と語る本多守護霊

綾織 〝教祖〟として、あなたが目指したものは、どういうものなのですか。中国の言うことを聞き、そのまま報道しているわけですが、どこに……。

本多勝一守護霊 屈折《くっせつ》してるんだよ、人生は。

綾織 そのへんについても、ぜひ、お伺《うかが》いしたいのですが。

本多勝一守護霊 人生は屈折してるんだ。だから、人間には、どっかで日が当たるときがあってもいいんだよ。

小林　ああいう記事を書かれた本当の理由を、お聞きしたいのですが。

本多勝一守護霊　そういう極端《きょくたん》な記事を書ける人間って、数が少ないんだよ。

小林　そうでしょうね。

本多氏には「学歴詐称《さしょう》」の可能性がある

小林　そこで、一つ、お伺いしたいことがあります。あなたが朝日新聞に入社する経緯《けいい》は非常に面白《おもしろ》いものですね。

本多勝一守護霊　君、細かいことを……（舌打ち）。

小林　私は、あなたについて、てっきり、矢内党首と同じように、新卒の正規入社だと思っていたのです。ところが、あなたの経歴を見たら、学生で探検部をやっていたときの取材の縁《えん》で、朝日新聞に拾ってもらい、最初は東京本社の校閲《こうえつ》部に研修生として入っています。

これについて、「どこかで見たような経歴だな」と思ったら、松本清張《まつもとせいちょう》さんとそっくりなんですよね。

本多勝一守護霊　そうだねえ。チッ！（舌打ち）君、うっとうしいやつだなあ。警察に行け！

小林　松本清張さん（の霊《れい》）は、ここに来られたとき、「私の（執筆《しっぴつ》の）動機はルサンチマン（怨恨《えんこん》）です」というようなことを言っていました（『地獄《じごく》の条件――松

本清張・霊界《れいかい》の深層海流』〔幸福の科学出版刊〕参照)。

本多勝一守護霊　そうだよなあ。彼の場合には、そうだろうよ。

小林　本多さんの場合、いかがですか。

本多勝一守護霊　俺《おれ》だってさあ、薬学部を出て、いちおう京大の農学部の門をくぐって……。

矢内　京大に入学したのですか。そこをお訊《き》きしたいのですが。

本多勝一守護霊　いや、門をくぐって、ジャガイモ畑をちょっと荒《あ》らして帰ったりはしたような……。

矢内　京大に入学したのですか。

本多勝一守護霊　まあ、門から入って、門から出た。

矢内　門から入って、門から出た？　入学したのではなかった？

本多勝一守護霊　門から入って、門から出たから、一般《いっぱん》には、入学と卒業を繰《く》り返したことになるなあ。

とにかく、薬剤師《やくざいし》であるから……。何かオウム教みたいで嫌《いや》だなあ（注。オウム教の教祖、麻原彰晃《あさはらしょうこう》は漢方薬局を経営していた）。

矢内　学歴詐称《さしょう》の可能性もあるような言い方ですよね。

本多勝一守護霊　朝日で、そんなことがあってはいけないでしょう。朝日では、すべては真実でなければならない。だから、真実だ。

朝日新聞社長の懐刀《ふところがたな》になり、〝人斬《ひとき》り以蔵《いぞう》〟を務めた本多氏

綾織　あなたの「屈折している部分」は、その前後に起こっているわけですか。

本多勝一守護霊　やはり、ジャーナリストになるルートが、あることはあるからなあ。

そういう意味で、俺は、やや変形であるからして、特殊《とくしゅ》なところで才能を発揮しなきゃ、いかんじゃないか。「薬学だ」「農学だ」と言ってるから、農村地帯や山岳《さんがく》地帯、辺境地帯という、普通《ふつう》の人が取材できないような所を取材して書かなければ、やはり、光らないじゃないですか。書きゃあ、何でも書けるからね。

矢内　高地人や野生動物などのルポを書き、それが、けっこう売れて、あなたが有名になるきっかけになりましたね。

小林　ヒマラヤやニューギニアの探検と、中国共産党の取材とが、同じようなものになったのではないですか。

本多勝一守護霊　政治と生態学とが一緒《いっしょ》かどうか、ちょっと難しいとこがあるからね。

小林　どういう動機で、ああいうものを、いろいろと書かれたのでしょうか。あそこまで、しつこく書くことは、普通、なかなか、できないものです。

本多勝一守護霊　だから、認めてほしかったわけよ。

小林　ああ。

本多勝一守護霊　早い話が、「人斬《ひとき》り以蔵《いぞう》」(岡田《おかだ》以蔵)みたいなもので、腕《うで》が立てば、その人を使いたくなるじゃない?

小林　なるほど。

本多勝一守護霊　以蔵だって、人をいっぱい斬ったかもしれないけど、勝海舟《かつかいしゅう》の命を守ったことだってあっただろうよ。だから、いいことだってあるわけよ。

俺、朝日新聞の社長の懐刀《ふところがたな》になって、〝以蔵〟をやってたようなもんなんだよ。

「中年以降、もうひとつ収入が冴《さ》えなかった」と嘆《なげ》く

綾織　そういう嘘《うそ》の記事を書き続けてきて、その結果、今、心境や調子が悪いわけですね？

本多勝一守護霊　心境が悪いんじゃなくて、体が悪いのよ。年を取ったからねえ。

綾織　そうかもしれませんが、心のほうは、どうなのでしょうか。

矢内　私と会ったときには、ビクビクされていましたね。怖《こわ》いんですよね？　人を傷つけたり、嘘をついたりしてきているから。

本多勝一守護霊　若いうちには、ちょっとは華《はな》があったけど、俺、中年以降、運が

悪くて。もうひとつ収入が冴《さ》えなかった。

小林　『貧困《ひんこん》なる精神』ですからね。

本多勝一守護霊　別に、宗教を敵視する気はないけど、おたく、〝金儲《かねもう》け〟がうますぎるから、気になるわねえ。

「本がいっぱい出る」っていうのは、おかしいんじゃないか。

綾織　やはり、信仰心《しんこうしん》の下《もと》に活動しているだけです。

小林　〝金儲け〟がうまいのではなく、要するに、「多くの人が『お役に立ちたい』と思った」ということなのです。

「生年月日」や「学歴」がはっきりしない理由とは

小林　もう一点、それに関連した質問をさせていただきます。

本多勝一守護霊　ええ。

小林　世の中の人たちが、みな知りたがっていることについてなのですが、私、実は、長野県の飯田《いいだ》高校出身なのです。

本多勝一守護霊　うん？

小林　あなたと同郷なんですよね。

本多勝一守護霊　どっかで聞いたような気がするなあ。

小林　卒業高校ですね。

本多勝一守護霊　長野県だねえ。

小林　そうそう。

本多勝一守護霊　うん。聞いたことがあるような気がする。

小林　あるでしょう？　あ、ごまかしていますね。まあ、いいです。
　それで、同郷の人間として質問したいのですが、不思議なことに、あなたの本の著者紹介《しょうかい》に記載《きさい》されている生年月日が、出る本のたびに違《ちが》っているんですよ。

本多勝一守護霊　へへへへ……。

小林　しかも、一日二日、違っているのではなくて、一九三一年、三二年、三三年というように、一年も二年も三年も違っているんです。

本多勝一守護霊　いや、そりゃあ、君、神秘的になってるのはいいことじゃないか。教祖の条件じゃないか。

小林　しかし、公人《こうじん》としては、非常に信用を疑われる部分もあるので……。

本多勝一守護霊　ほんとは、〝天孫降臨《てんそんこうりん》〟でもよかったんだよ。

小林　なぜ、そのようなことをされたのでしょうか。

本多勝一守護霊　戦後、天界《てんかい》から送り込《こ》まれて降りてきた邇邇芸命《ににぎのみこと》みたいな感じ？　それでもいいんだよ。

小林　いやいや。言いにくければ、あえて、おっしゃらなくても結構ですが、何か、普通ではない理由があるのではないでしょうか。

本多勝一守護霊　普通ではない理由？

小林　はい。普通、そういうことはしませんよね。

本多勝一守護霊　うーん。

小林　ある本には「一九三一年生まれ」と書いてあり、別の本には、「一九三三年生まれ」と書いてあります。

本多勝一守護霊　いやあ、それはねえ……。

小林　さらに、大学を卒業したのか、していないのかも分かりませんし。

本多勝一守護霊　女性が年齢《ねんれい》をごまかしたら、君らは全部「嘘つきだ」と言い切るのか。ジャーナリズムには「基本教義」がない？

矢内　ただ、あなたの職業はジャーナリストなんですよ。真実を追求して書くのが仕事でしょう？　真実を書いて多くの人に伝えることが……。

本多勝一守護霊　女性ジャーナリストは、生年月日を必ず正しく書かなきゃいけないのか。

小林　書いていますよ。

矢内　真実にかかわる仕事をしているはずのあなたが、「生年月日も学歴もはっきりしない」というのは、根本的なところに、何か違ったものが入っているような気がします。

本多勝一守護霊　君ねえ、そうやって、ジャーナリズムには基本教義があるような言い方をするけどねえ、ジャーナリズムは宗教じゃないので、ほんとは基本教義なんてありやしねえんだよ。それは、ただの妄想《もうそう》なんだよ。

小林　いえいえ。本来はありますよ。ここでは学問的な議論はしませんが、例えば、ジャーナリズムには「クリーンハンドの原則」というのがあります。つまり、「他人を批判する人間は、自らの『手』がきれいでなければいけない」ということです。

本多勝一守護霊　あ！　それだと、宗教は、もう何も言えなくなるね。

小林　いえいえ。幸福の科学には、何ら恥《は》じるところはありませんから。

本多勝一守護霊　宗教は、もう『手』が真っ黒だよね。

小林　世の中には、いろいろな宗教がありますからね。

本多勝一守護霊　え？

「隠《かく》された過去」が何かあるのか

小林　いや、話をそらさないでください。要するに、「クリーンハンドの原則」がある以上、「人の言動について、正しいか間違っているか、事実に反しているか反していないかを追及《ついきゅう》するためには、自らが、その部分に関して襟《えり》を正さなければいけない」という原則があるんですよ。

そういう目で見たときに、「学歴もよく分からない。生年月日も、本によって全部違う」というのを、世の中の人々は非常に不思議に思うわけです。

本多勝一守護霊　君ねえ、そういう差別観は、私のいちばん嫌《きら》うところなんだよな。君の言い方だったら、ヴィクトル・ユーゴーの「ああ無情」のジャン・ヴァルジャンは、ジャヴェール警部に永遠に追いかけられて、永遠に裁かれ続けなきゃいけないじゃない？

小林　いえいえ。そんなことはないですよ。

本多勝一守護霊　人間には更生《こうせい》することだってあるのにさあ、それを許さないっていう、そんな宗教があっていいのか？　それがほんとに宗教の立場か？　ええ？

小林　いや、罪を許す前提は、罪を認めて、反省することです。

本多勝一守護霊　だから、君らはね、ジャン・ヴァルジャンを追いかけてるジャヴェール警部なんだよ。

小林　いえいえ。ジャン・ヴァルジャンを許した司教のほうです。

本多勝一守護霊　どんな過去があろうとも、その人が立ち直って、有名な記者になったら、「頑張《がんば》ったね」って（拍手《はくしゅ》をする）、こう拍手すればいい。

小林　それは、われわれの本業である宗教のほうにお任せいただければ結構ですから。

本多勝一守護霊　うーん。

小林　まあ、分かりました。いろいろなご事情があることは、だいたい分かりましたので。

本多勝一守護霊　要するに、何を、何を、何をしゃべれば、老後の生活を守ってくれるっていうんだよ。え？

6　その「自虐史観《じぎゃく》」の淵源《えんげん》にあるもの

本多勝一氏は「戦後日本の教祖」「朝日新聞の御本尊《ごほんぞん》」なのか

綾織　これからのことを少しお伺《うかが》いしたいのですが、衰《おとろ》えたとはいえ……。

本多勝一守護霊　君ら、言葉がきついのよ。

綾織　今、あなたがたの勢力は、憲法改正を目指している安倍《あべ》政権を追い詰《つ》めようという動きをされていると思うのですが。

本多勝一守護霊　それはいかんわなあ。また人殺しをしたいんだろう？　だから、私は人殺しに反対してるわけだ。

綾織　いいえ、人殺しではありません。国を守ろうとしているわけですよ。

本多勝一守護霊　極《きわ》めてねえ、本当の意味での〝宗教〟なんだよ。本当の〝教祖〟なんだよ。

綾織　では、軍隊はすべて人殺しなのですか。

本多勝一守護霊　戦後の日本の〝教祖〟なんだよ。

綾織　ほおお。

本多勝一守護霊　私が〝教祖〟なんだ！

小林　ウイグルで、中国の軍隊が人を殺しまくっていることを、どう評価するのですか。

本多勝一守護霊　中国人が殺すのは、中国人の勝手だよ。それは知らん。

綾織　では、日本軍がやるのはよくなくて、中国軍はいいと？

本多勝一守護霊　だって、分からないんだから、しょうがないじゃない。中国人が、どんなふうに殺してるか、見ていないから分からない。取材できないので、分からないじゃない。

綾織　日本は、やはり絶対的に悪なのですか。

本多勝一守護霊　日本がやったことは、すでに分かってるもん。

綾織　過去においても、これからも、日本は絶対的に悪なのですか。

本多勝一守護霊　私は、日本を反省させるために生まれた〝神〟なんだよ。戦後の日本の〝神〟は朝日新聞で、朝日新聞のなかの〝御本尊《ごほんぞん》〟が私なのよ。それで、社長というのは傀儡《かいらい》なのよ。

今の中国が「近代文明以前の段階」にあることは分かっている

矢内　ただ、日本軍が、あなたが言っているような残虐《ざんぎゃく》な行為《こうい》をしたという証拠《しょうこ》を、あなたは明らかにしていないですよ。

本多勝一守護霊　まあ、軍隊だからね、殺し合いはしてるよ。人は殺してるよ。

矢内　中国の被害者《ひがいしゃ》の話を聴《き》いて書いているだけで、ほとんど、あなたの思い込《こ》みではないのですか。

小林　国際法に基《もと》づいて、戦争のなかで兵士を殺すことと、民間人を殺すこととは、明確に違《ちが》うんですよ。

本多勝一守護霊　うーん。

小林　そのくらいは区別して議論をしなければ、世界に通用する議論にならないんですよ。いいかげん、そういう議論は卒業しましょうよ。

本多勝一守護霊　君ねえ、中国は、昔から人を食う種族なんだからさあ。そのくらい刺激《しげき》がないと、話が面白《おもしろ》くないのよ。

小林　要するに、「今の中国は、国際法などなかった近代文明以前の段階にある」ということを、あなた自身もご存じなわけですよね。

本多勝一守護霊　そんなのは、行ったら分かってるよ。

小林　分かっているわけですよね。その一言を頂ければ結構です。

本多勝一守護霊　娘《むすめ》を料理して出す国だろう？　そんなものと一緒《いっしょ》にしちゃあ、困るよなあ。

だけど、そんな国も、ちょっとは助けてやらないと、かわいそうじゃないの。

小林　ですから、われわれが、これから布教《ふきょう》して、啓蒙《けいもう》し、お救い申し上げようと思っています。

本多勝一守護霊　私のおかげで、中国は豊かになったんじゃないか。私が、「日本が悪い。中国は犠牲者《ぎせいしゃ》だ」と言ってやったおかげで、日本から中国に金が流れて、中国の産業が起きて、豊かになったんじゃないか。

中国の侵略行為《しんりゃくこうい》に「正義のペン」を振《ふ》るおうとしない本多氏

矢内　ジャーナリストの良心として、一つ、あなたに言いたいのは……。

本多勝一守護霊　うん。

矢内　「中国が、今まで、チベットやウイグルや内モンゴルで、どれほど残虐な行《こう》為《い》をしてきて、それで苦しんでいる方がどれだけいたか」ということに関して……。

本多勝一守護霊　いや、それは君、「同じ罠《わな》」にはまるよ。

矢内　あなたの良心として、やはり、報道しなければいけなかったのではないでしょうか。

本多勝一守護霊　君たちは、「侵略《しんりゃく》された」って言う人のほうの意見ばかり聞いているけど、中国のほうへ訊《き》いたら、「そんなことはやっていません」って、きっと言うから。彼らは、きっと、「救済に入ったんだ」って言うだろうな。

小林　そういう場合には、両方の意見を聞き、証拠を集めて、正確な報道をすべきですよ。

本多勝一守護霊　いや、「彼らは、ひどい悪政で苦しんでいるから、救済に入った」って言うんだろう？

矢内　良識があるのであれば、あなた自身、向こうの現地に入って、そういう被害者の声を聞いて記事を書いてもいいではないですか。

本多勝一守護霊　そういう国は危険だから、そう簡単には入れないのよ。

矢内　いや、当時、あなただったら入れたと思いますし、朝日新聞社だったら、そのあと、ずーっと入れますよ。ＮＨＫだって、いろいろと入りましたから、コネがあれば入れるんです。要は、やる気があるかどうかです。

本多勝一守護霊　君らも騙《だま》されてるかもしれないよ。元チベットだの、元ウイグルだの、元モンゴルだの、嘘《うそ》つきがたくさんいるかもしれないよ。

矢内　あなたが、本当に「正義のペン」を振《ふ》るおうとしたかどうかですよ。

本多勝一守護霊　少なくともだね、ほかの人は振るう勇気がないときに、私は振るった。

発展しすぎた戦後日本の国論をペン一本で変えた？

矢内　あなたは、「日本さえ悪く貶《おとし》めれば、それで自分の仕事が終わった」と思っているのですか。それが目的だったのですか。

本多勝一守護霊　君ね、ペン一本で日本の国論を変えられたんだったら、すごい切れ味だよ。

矢内　嘘の歴史観で日本を貶めて？

本多勝一守護霊　それは、（岡田《おかだ》）以蔵《いぞう》がねえ、もう千葉周作《ちばしゅうさく》に変わってしまうようなものだよ。

小林　以蔵と千葉周作は、まったく違います。

本多勝一守護霊　そういうことになるわなあ。

小林　ならない、ならない。

本多勝一守護霊　日本の国論まで変えてしまったんだったら、それは……。

小林　なりません。以蔵は、その心根《こころね》ゆえに、ああいう結末を迎《むか》えたんですよ。

本多勝一守護霊　うーん。

小林　分かった。要するに、そこですね。

本多勝一守護霊　国論を変えたんだろ?　すごい力じゃないですか。

小林　国論を変えたのではなくて……。

本多勝一守護霊　ジャーナリストって言ったら、ほとんど、剣客《けんきゃく》みたいなものなんだからさあ。

小林　国論を、要するに、「隷属《れいぞく》国になるほうに貶めてしまった」ということですね。

本多勝一守護霊　やっぱりねえ、敗戦後の日本は哀《あわ》れでしたよ。それは見るからに哀れでしたけれどもね。私は幼少時にそれを見ているから、哀れではあったけども、発展しすぎたんだよなあ。

一九六〇年代以降の、東京オリンピックあたりから発展しすぎた。これは、やっぱり、何か謝罪をしなきゃいけない。侵略をして、いろいろ人を殺した国に対して、やはり、お詫《わ》びをして回らなきゃいけない。そのためのきっかけが要《い》る。それがペンだと私は思ってる。

日本は「核《かく》ミサイルを撃《う》ち込《こ》まれたら貸し借りなし」という妄言《もうげん》

矢内　本多さん、あなたは、そういう動機で、ああいう間違った捏造《ねつぞう》記事を書いたのでしょうが、ただ、私は今日、あなたに問いたい。

あなたが捏造した「南京《ナンキン》大虐殺」は、今、日本だけではなく、全世界に、事実として広まっていこうとしています。

これを放置したら、どんなことが起きると思いますか。

もし、中国が日本を侵略して、日本が中国の植民地になったとしたら、中国の人たちは、「南京で三十万人が殺された」ということを〝事実〟として教わっているわけですから、その恨《うら》みを、絶対に晴らしたいと思うはずです。

本多勝一守護霊　うん。

矢内　その結果、日本人が、どれほど残虐な目に遭《あ》わされるか、あなたは、それを考えたことがありますか。

本多勝一守護霊　それは、まあ、「日本には原爆《げんばく》を三発ぐらい落としてもいい」っていうことになるだろうね。中国から見りゃあね。

矢内　それだけの恨みが、あなたの捏造歴史観によって醸成《じょうせい》されているんですよ。

本多勝一守護霊　だから、東京・大阪《おおさか》・名古屋に三発落としたら、それで終わりだわなあ。

小林　あなたは、「嘘をついて、三発で三十万人もの日本人を殺すことは肯定《こうてい》される」ということをおっしゃっているわけですね。

本多勝一守護霊　まあ、肯定って……。いまだに統計のない国だから、それは分からないけどさあ。

綾織　あなたは、日本が中国に核《かく》ミサイルを撃《う》ち込《こ》まれるような未来を望んでいるのですか。

本多勝一守護霊　そのほうがすっきりするなあ。もう、貸し借りなしだ。

綾織　そのように、侵略されたり、攻撃《こうげき》されたりすることが望ましいと思っているのですか。

本多勝一守護霊　戦争に関しては、「疑わしきは罰《ばっ》すべし」なんだよ。

だから、しょうがないよ。三発ぐらいミサイルを撃ち込まれて、東京・大阪・名古屋で人が十万人ずつぐらい死んだら、中国人はスキーッとするだろうね。

今、中国人は、ずーっと、そう教わってきていて、それを信じてるから、少なくとも、そのくらいやらないと、（国民は）政府に対する信頼《しんらい》をなくすだろうな。

小林　よく分かりました。あなたはそのように考えていて、朝日や毎日などの大新聞社も、同じ精神構造で動いているわけですね。

本多勝一守護霊　まあ、アイリス・チャン（『ザ・レイプ・オブ・南京』の著者）とか、ああいう人も、いろいろ取材したんだからさあ。ほかの意見を書くことだってできたんだから。

小林　ただ、アイリス・チャンは、なぜか、不可解な死を遂《と》げましたけれども。

本多勝一守護霊　うーん。いや、口封《くちふう》じされたんだろうよ。

小林　まさに、おっしゃるとおり、口封じされたんですよ。

本多勝一守護霊　だから、私みたいに用心して生き延びなきゃいけないのよ。

小林　要するに、何を申し上げているかというと、あなたの精神構造と同じ考え方で、今、大手のマスメディア、新聞社が動いているということです。それは、あなたの目から見ても、やはり、そう見えるわけですよね。

本多勝一守護霊　だって、今どき、「提灯《ちょうちん》記事を書く」というマスコミ倫理《りんり》は、やっぱり恥《は》ずかしいですよ。自分の国を反省させることが大事なんだよ。

綾織　それは、逆に、中国のための提灯記事になりますよね。

小林　（笑）中国政府からしたら、提灯記事ですよね。

本多勝一守護霊　いや、中国でも、いずれ、中国政府を批判するようなマスコミが育つ。私を見て、「ああいうふうにしなきゃいけない」と思って、やがて自分の国を批判するときも来るんだよ。それは、そのときに解決される問題であって、中国人の自治の問題だ。

歴史問題で日本が謝罪し続けるのは「しょうがない」

綾織　でも、今の時点では、やはり、憲法改正問題があります。

あなたの影響《えいきょう》の下《もと》にできてきたマスコミが強くなっているため、憲法改正もできず、歴史問題についても、ずっと日本が謝《あやま》り続けなければいけないような、そういう日本になろうとしているわけですよ。

本多勝一守護霊　うん。

綾織　それで、日本が中国に侵略され、攻撃されることが、あなたの理想とする姿なのですか。

本多勝一守護霊　安倍さんは、もう謝ってるんだろう？　「悪いことをしました。ごめんなさい」って言ってるんだろう？　それじゃあ、もう、侵略されてもしょうがないじゃない。首相が認めたんだから、事実じゃないか。私が嘘を言っているんじゃないんだよ。事実なんだよ。

綾織　いえいえ、それは嘘なんですけども……。

本多勝一守護霊　官房長官《かんぼう》も認めたんだから、事実じゃん。

綾織　あなたの嘘に基《もと》づいて、今、日本政府が運営されてしまっているわけですよね。あなたは、それでいいのですか。それが、あなたの望みなのですか。

本多勝一守護霊　しょうがないでしょう？　マスコミのほうが強くなってるんだから、しょうがないじゃない。

小林　要するに、そういうことですね。

本多勝一守護霊　マスコミ民主主義なんだよ。
「国民の支持は、本多のほうにある」と豪語《ごうご》
小林　その部分は、これから世論《よろん》を啓蒙して、首相官邸《かんてい》に対して活を入れていきますから。
本多勝一守護霊　少なくとも、首相が国会で認めたんだからさ。官房長官も認めた。
小林　ですから、活を入れますので、それはご心配いただかなくて結構です。
本多勝一守護霊　選挙で勝ちたいからね。だって、反対のことを言ったら負けるんだろう？　国民の支持を得られないんだろう？

小林　ええ。

本多勝一守護霊　だから、国民の支持は、本多のほうにあるわけよ。

小林　国会議員も、だらしないですね。

本多勝一守護霊　うん。

小林　いや、私もそう思いますよ。あの程度で引っ込んで、「村山《むらやま》談話」を踏襲《とうしゅう》してしまうようでは、話にならないと思っています。けれども、だからと言って、あなた自身が中国による侵略のお先棒《さきぼう》を担《かつ》ぐことは、肯定されません。

今日、あなたとやり取りをするなかで、あなたの寄って立つスタンスが分かりました。

「日本軍がいかに残虐《ざんぎゃく》か」は、つくり上げられた嘘《うそ》

本多勝一守護霊　まあ、「日本人がいかに残虐《ざんぎゃく》か」っていうことを言いたいわけ。これの反面はね、「日本軍がいかに残虐か」と言うことによって、抗日《こうにち》をした人たち、要するに、毛沢東《もうたくとう》たちの抗日戦線が英雄《えいゆう》になるからね。そういうふうに持っていきたいんだよね。

矢内　「日本軍がいかに残虐か」を言いたいのではなくて、そのようにつくり上げたのでしょう？　それは、中国共産党がしたいことではないですか。

小林　いや、ちょっと待ってください。毛沢東は抗日戦争なんかやっていませんよ。ほとんど戦っていないですよ。

本多勝一守護霊　やってなかったっけ？　あ、逃《に》げてたんだ。

小林　はい。逃げまくっていました。

本多勝一守護霊　うん。ほとんど、そうだよ。逃げてたんだ。

小林　戦闘《せんとう》行為としては一つか二つで、しかも、百人単位の部隊がぶつかっただけで、あとは全部逃げ回っていました。

本多勝一守護霊　ああ、逃げてました。そのとおりだな。

小林　ええ。ですから、戦前の日本政府は、中国共産党政権とは戦っていません。

本多勝一守護霊　そうです。逃げてました。

小林　そういう嘘《うそ》で、全部塗《ぬ》り固められているんですよね。

本多勝一守護霊　うん、うん。でも、まあ……。

中国の経済発展を止めたのは「文化大革命」

小林　それから、先ほど、「戦後の日本は発展しすぎたので、謝らなければいけない」とおっしゃいましたが、中国がなぜ発展しなかったかというと、要するに、文化大革命のときに、数千万人も自分たちで殺したからですよ。

本多勝一守護霊　いや、それだって、実数を調べた人はいないからさあ。

小林　だから、もっと多いかもしれません。

本多勝一守護霊　ええ。警察もいないから分からないよ。

小林　「もしかしたら、八千万人ぐらいではないか」とも言われています。

本多勝一守護霊　欧米《おうべい》が入って調べられないんだからさあ。

小林　ですから、八千万か、五千万か、三千万かは知りませんけれども……。

本多勝一守護霊　中国は、とにかく数が大きくなるんだって。

小林　そうそう。だから、自分でそういうことをやって経済発展を止めた事実を、中国政府や中国国民がしっかりと直視しなければ、本当の意味での彼らの発展というものは生まれませんよ。

だから、われわれのやっていることこそが、真実の意味での愛なんです。

天安門《てんあんもん》事件を取材に行ったら、「戦車に踏《ふ》み潰《つぶ》されたかも」

本多勝一守護霊　八九年の天安門《てんあんもん》事件で何人死んだかも、いまだに分からないんだから、そんな昔の話が分かるわけないじゃない。ハハハ……。

小林　では、天安門事件のことは、どう考えているんですか。

本多勝一守護霊　ええ？　やったかどうかも分からないよ。

小林　いやいや。戦車で踏《ふ》み潰《つぶ》した映像が、世界中に流れました。

本多勝一守護霊　ええ？　映像はあるけど、いくら死んだかなんて、分かりようがないじゃん。

小林　いや、あなたの価値判断を訊いているんですよ。

本多勝一守護霊　ああ、それは……。

小林　戦車で踏み潰された人数が、千人なのか五千人なのかはともかくとして、「戦車で学生を踏み潰した」ということに関するあなたの価値判断を訊いているんですよ。

本多勝一守護霊　いやあ、それは映像だけでは分からんわな。どっちに都合《つごう》のいいように編集されたか分からんからさあ。

矢内　かつての朝日のスター記者として、例えば、天安門事件が起きたら、あなたが行って取材し、真実を書けばよかったですよね。関心を持たなかったのですか。

本多勝一守護霊　戦車に踏み潰されたら、どうするのよ。

矢内　え？

本多勝一守護霊　戦車に踏み潰されたら、どうする？

小林　要するに、自分も戦車で踏み潰されるかもしれないと。

本多勝一守護霊　うん、そうそう。

矢内　ああ……。

小林　そういう政府であると、ご自分でも認識されているわけですね。

本多勝一守護霊　いっぱい人がいるんだから、分からないよ。「ああ、本多だから、轢《ひ》くのをやめよう」なんて思ってくれるわけないだろう?

矢内　「危険に身をさらしたくない」ということですね。

本多勝一守護霊　ああ。だから、中国っていうのはねえ、現代でも、天安門事件で十万人ぐらいを殺したって隠蔽《いんぺい》できる政府なんだから。

中国には、個人的に「弱み」を握《にぎ》られている

小林　でも、それは、はっきり言って、「脅迫《きょうはく》されている」ということですよ。

本多勝一守護霊　そうだよ。

小林　つまり、「弱みを握《にぎ》られている」ということですよ。

本多勝一守護霊　当然じゃないですか。

小林　では、あなた個人も、実は弱みを握られていたのですね。

本多勝一守護霊　当然、握られてますよ。

小林　当然、握られていたわけですね。分かりました。ありがとうございます。

本多勝一守護霊　当ったり前じゃないですか。

あれだけ名前を有名にしてもらって、儲《もう》けさせてもらったんだから、裏はちゃんとつかまれてるよ。中国は、事実上、ほとんど「マフィアの国」なんだからさ。

小林　ああ、分かりました。

本多勝一守護霊　そんなの、いっくらでも送り込んでくるんだから。

矢内　そうすると、怖《こわ》かったのは右翼《うよく》だけではなくて……。

本多勝一守護霊　ええ？　裏にはチャイナマフィアがいるんだからさあ。当時の朝日新聞・広岡《ひろおか》社長も「弱み」を握《にぎ》られていた

小林　そこで、もっとお訊きしたいのは……。

本多勝一守護霊　うーん？

小林　当時の広岡《ひろおか》社長も、弱みを握《にぎ》られていたのですか。

本多勝一守護霊　当然だよ。

小林　当然ですか。ありがとうございます。分かりました。

本多勝一守護霊　当ったり前じゃないですか。

矢内　まあ、一カ月も中国に行っていれば……。

本多勝一守護霊　一カ月も行ってねえ、弱みがない人間なんかいるわけないでしょう?

小林　一カ月も北京飯店《ペキンはんてん》に泊《と》まっていたら、普通《ふつう》はタダでは済みませんからね。

本多勝一守護霊　あそこは、盗聴《とうちょう》から盗撮《とうさつ》から尾行《びこう》から、もう何でもする国なんだから、弱みなしで一カ月もいられるわけがないでしょう?　どこへ泊まろうと、そんなのは一緒だよ。ホテルだろうが、迎賓館《げいひんかん》だろうが。

矢内　なるほどね。

本多勝一守護霊　どこに行ったって一緒だよ。そんなもんは、もう……。「反日」の淵源《えんげん》は、戦争で死んだ者たちへの痛惜《つうせき》の念？

綾織　「弱みを握られていた」ということは、よく分かったのですが、その一方で、戦後のジャーナリズムの世界で、あなたほど日本を悪く書いた人はいないわけです。

そこで、少しご自身のことをお伺いしたいのですが、なぜ、そんなに日本を悪く言えるのか。あるいは、なぜ、それほど日本を憎《にく》めるのか。そのあたりには、どのような淵源《えんげん》があるのでしょうか。

本多勝一守護霊　いや、良心だよ。やっぱり、死んでいった者たちへの痛惜《つうせき》の念だね。

大勢の仲間を、先の大戦に突《つ》っ込ませて死なせてしまったから、二度と、そういうことが起きないようにするためには……。

綾織　仲間なわけですか。

本多勝一守護霊　「戦争というのは、いかに嫌《いや》なものか。軍部というのは、いかに悪なるものか」ということを言っておけば、防波堤《ぼうはてい》になるわけだよ。だから、少々、〝堤防〟が高くてもだねえ、〝洪水《こうずい》〟を避《さ》けられるのなら、いいじゃないか。

綾織　あなたは一九三〇年代の生まれなので、実際に仲間だったかどうかは疑問なんですけれども。

本多勝一守護霊　そうなの。それは、そうなの。

本多勝一氏は、もしかして中国人なのか

綾織　やはり、何か、そういうご経験があるわけですね。

本多勝一守護霊　まあ、そりゃあ……。

（小林に）飯田高校だって？　嫌なやつだなあ。ほんとかねえ？　君、経歴詐称《さしょう》してるんじゃないか。違う？　ええ？　長野県？

小林　何だったら、調べてもらってもいいですよ。

本多勝一守護霊　長野県の飯田高校？

小林　ええ。

本多勝一守護霊　あんな名門高校に、君が行けるわけないだろうが。

小林　私も名簿《めいぼ》を見たときに、「こんな先輩《せんぱい》がいるのか」と、涙《なみだ》が出てきましたよ。

本多勝一守護霊　何言ってんだよ。飯田高校の卒業生で、私以上に有名な人がいるわけがないだろうが。後輩はみんな、「天才だ」と言って崇《あが》めとっただろう。

小林　ローカルな話は、ちょっと忘れて……。

本多勝一守護霊　まあ、いいわ。

綾織　先ほどの話なのですが、地上での経験から来るものなのでしょうか。

本多勝一守護霊　後輩に、なんで、こんなことを言われなければ……。〝偽《にせ》後輩〟に……。

綾織　あの、そちらの話は、もういいです。地上での経験が……。

本多勝一守護霊　おまえ、ほんとは中国人だろう？　ええ？

小林　あ！　もしかして、あなたは中国人？

本多勝一守護霊　うん？　それはねえ、戦争中だから、誰《だれ》の種か分からんけどさあ。それは、いろいろあるかもしらんけど……。いやあ、それには引っ掛《か》からないぞ。

それは、ちょっとまずいなあ。

「従軍慰安婦《じゅうぐんいあんふ》」の問題に肩入《かたい》れする動機とは

小林　もう一つ、最近の議論で、「従軍慰安婦《じゅうぐんいあんふ》」の問題にも、けりをつけなければいけないのですけれども。

本多勝一守護霊　ああ、そうか。うんうん。

小林　あのー……。

本多勝一守護霊　いたんじゃない？　みんな、「いた」って言ってるじゃん。

小林　いやいや、そうではなくて……。

本多勝一守護霊　橋下《はしもと》（橋下徹《とおる》・大阪市長）も、「いた」って言ってるじゃん。

小林　なぜ、あの問題に、そこまで肩入《かたい》れするのか、その動機を教えていただきたいのです。

本多勝一守護霊　うーん……。やっぱりねえ、「宗教に入ったやつで、そういう女遊びを、若いころ、たくさんしたやつがいる」っていうのが許せないんだよ。そのへんから入ってるんだよな。

綾織　あなたのことを訊いているんです。

本多勝一守護霊　え？　え？　俺《おれ》の話か。

綾織　あなたのことを訊いているんです。

本多勝一守護霊　俺はねえ、いやあ、何ていうか、ＧＨＱに日本人の女性が奉仕《ほうし》してるのを見て、ほんとは悔《くや》しかったけども、「実は、中国でも（日本軍が）こういうことをしたんだろう」ということで、自分を言いきかそうと努力してたのよ。

小林　ああ、分かりました。そこが動機だったのですね。

本多勝一守護霊　うーん。「日本は、東南アジアでも、きっと、こういうことをしていたに違いない」と。だから、ＧＨＱに、日本女性たちが、ああいうパンパン（進駐軍《しんちゅうぐん》を相手にする娼婦《しょうふ》）をやってるのも悔しかったけども、「たぶん、日本も、中国や東南アジアでは同じことをやっていたに違いない」と思って、自分を説得しとったんだよ。

「仮面」をかぶり、内の顔と外の顔が違《ちが》う「左」の人たち

小林　要するに、本当は、自分が、そういうことをしたかったのですか。

本多勝一守護霊　と、と、と、と、と……、何が言いたいわけよ。え？

小林　でも、そういうことではないのですか。

本多勝一守護霊　何を……。

小林　いや、これは、けっこう本質的な問題なんです。

私には、左翼系の国会議員も含《ふく》めて、けっこう知り合いがいたのですが、表では

かっこいいことを言っていても、個人の言動になると、お金の部分とか、そういった女性関係の部分とかで、けっこう汚《きたな》い人が、実は、「左」の人ほど多かったのです。正直申し上げて、そういう人を、私はたくさん見てきました。

だから、ちょっと、そこは気になるんですよ。

本多勝一守護霊　ああ、「左」の人は、みんな仮面をかぶってるからさ。

小林　ええ、ええ。

本多勝一守護霊　外の顔と内の顔が、みんな違《ちが》う。

小林　ものすごく極端《きょくたん》に差がありますでしょう?

本多勝一守護霊　うん、うん。差がある。

小林　そういう個人的なルサンチマンというか、「いいことなんて、何もなかった」というような個人的な恨みを、公的な問題にすり替《か》えているように見える方が、名前は言えませんけれども、現職の国会議員の方も含めて、けっこう、いらっしゃいました。

今、図《はか》らずもおっしゃいましたが、要するに、そのあたりに、実は、動機が一部おありだったのではないでしょうか。

本多勝一守護霊　いやあ、とにかくねえ、戦争を挟《はさ》んで生きた人間は、みんな屈折《くっせつ》してるのよ。

「朝日」に行った人は、元軍国主義者ばかり

矢内　本多さん、ちょっとお伺いしたいのですが、あなたは、日本という国や、日本人に対して、どう思っていらっしゃいますか。愛国心というものは、お持ちなのでしょうか。

本多勝一守護霊　うーん……。まあ、俺の名前を見てみろよ。

矢内　本多勝一。

本多勝一守護霊　「勝一《かついち》」なんていう名前が付いてるんだよなあ。

矢内　ええ。

本多勝一守護霊　これは、どういうことかを考えてみろよ。もう、ほんと、この名前には、「軍国主義のなかで生まれた」ということが、よく出てるわなあ。

小林　あなたは小さいころ、実は手塚治虫《てづかおさむ》のファンで、アメリカをやっつける秘密兵器をつくる漫画《まんが》を描いていた軍国少年だったと履歴《りれき》に載《の》っていますね。

本多勝一守護霊　朝日に行ったやつはねえ、元は、みんな軍国主義者なんだよ。それが、みんな寝返《ねがえ》ったのよ。みんな、元は、そうなんだよ。ほんとは負けたのが悔しいのさ。

小林　うーん。

本多勝一守護霊　負けたのが悔しいから、負けた国をいじめてるんだよ。「なんで負けたんだ」と言って、いじめてるのよ。

小林　実は、そこに動機があるのですね。

本多勝一守護霊　うん、うん。ほんとはな。

小林　本当はそうなんですね。

本多勝一守護霊　ほんとは、みんな軍国主義なんだよ。

小林　それは、すごくよく分かります。

本多勝一守護霊　ほんとは、そうなのよ。「勝一」で、日本がいちばんに勝つのが好きだったのに、勝てなかった悔しさを、国をいじめることで晴らしてるのよ。

国民への影響力《えいきょうりょく》の大きさは「筆力」があったことの証《あかし》？

小林　でも、そういう人の場合、勝ったら、今度は、弱い者いじめに入りますよ。

本多勝一守護霊　そうかなあ。

小林　だから、そう言いながらも、あなたは、もし日本が勝っていたら、今度はアジアのほうを、いじめていませんでした？　欧米の植民地のように。

本多勝一守護霊　うーん。勝ったらか……。

矢内　でも、それは、本当の意味での愛国心ではないですよね。日本という国を愛しているわけではないでしょう。あなたは、結果的に、日本という国を貶めて、将来の国民を不幸に陥《おとし》いれているわけです。

本多勝一守護霊　だけど、それは、俺だけじゃないんだよ。大岡昇平《おおおかしょうへい》みたいな人だってさあ、反戦小説をたくさん書いてるじゃないか。それで、けっこう、文学的に評価されてるじゃんか。だから、俺一人が反戦みたいな感じで言ってるような言い方は、ちょっと卑怯《ひきょう》だぜ。

小林　ただ、南京事件を始めとする影響《えいきょう》の大きさのところは……。

本多勝一守護霊　それは、「それだけ俺の筆力があった」っていうことだろうけどさあ。

7

「過去世《かこぜ》の記憶《きおく》」を辿《たど》る

過去を思い出そうとすると「洞穴《ほらあな》」に吸い込《こ》まれそうになる

綾織　あなたは霊《れい》なんですけれども。

本多勝一守護霊　ああ、そうなのか。うーん。

綾織　はい。霊なんです。

本多勝一守護霊　へええ。

綾織　普段《ふだん》、お付き合いされている方は、どういう方ですか。

いわゆる左翼系言論人《さよくけいげんろんじん》で言うと、小田実《おだまこと》さんや、以前、「週刊金曜日」でご一緒《いっしょ》されていた筑紫哲也《ちくしてつや》さんや井上《いのうえ》ひさしさんなどが亡《な》くなっていますが、こういう方々とは、お付き合いをされていますか。

本多勝一守護霊　筑紫哲也ねえ。そう言えば、なんか会ったっていう話は聞いたことがあるなあ。うーん。

綾織　会われてはいない？

本多勝一守護霊　どこに行ったんだろうな。

小林　あと、何か思い出されることなどはないですか。

本多勝一守護霊　ええ？

小林　以前、民主党の菅《かん》元首相の守護霊は、「昔、サイパンに行っていたことがある」と言っておられたのですが（『国家社会主義とは何か』〔幸福の科学出版刊〕参照）、そのような感じで思い出されることなどは、ございませんか。

つまり、今、綾織が言っていた動機の部分を伺《うかが》いたいという趣旨《しゅし》です。

本多勝一守護霊　うーん……。

矢内　あなたのお仕事の背景には、日本という国や日本人、日本軍に対する、そうとうな憎《にく》しみのようなものがありますよね。

本多勝一守護霊　うーん、うーん……。よく分からないけど、そのへんになると、頭がなんか、急に思考が止まってきて、よく分からなくなってくるんだよな。
何となく、今、洞穴《ほらあな》みたいなのが見えてきて、急に分からなくなってくるんだ。洞穴みたいなのが、パカッと開《あ》いて、吸い込《こ》まれそうな気がする。

小林　ああ……。

本多勝一守護霊　その質問をされると、ちょっと危ないんだよ。うーん……。
なんか、ちょっと小高い丘《おか》みたいな所の芝生《しばふ》に、ポコーッと、塹壕《ざんごう》か防空壕みたいな、黒い穴が四角く開いていて、スウーッと頭から吸い込まれていきそうな感じがするので、その質問をあんまり続けられると、ちょっと、俺《おれ》、やりにくいんだがなあ。

「地上の本人」との区別がつかない本多氏の守護霊

小林　周りに人はいませんか。周りにいる人の服装とかは見えませんか。

本多勝一守護霊　いやあ、そういうことを考えないようにすることで、現在を維持《いじ》してるんだ。

矢内　今日、それを考えてください。

本多勝一守護霊　考えたら危ないんだよ。考えると、その穴のなかに吸い込まれそうになるんだよ。

矢内　今日は、考えても大丈夫《だいじょうぶ》です。

本多勝一守護霊　吸い込まれたくない。

小林　周りの人は、軍服を着ているとか、そんな感じはありませんか。

本多勝一守護霊　え？

小林　周りに軍服を着ている人とか……。

本多勝一守護霊　いやあ、君らの言っていることが、もうひとつ、分からないんだけどさあ。俺は、本多勝一なんだから。

綾織　うっすらとした記憶《きおく》で結構ですので、何か思い出しませんか。

本多勝一守護霊　俺、亡くなったのかい？　そんなことはない。生きてるよなあ？　まだ生きてるんだよ。

「死んで穴のなかに埋《う》められた」という記憶《きおく》

綾織　はるか昔の、うっすらとした記憶《きおく》で結構ですので、何らかの戦争体験のようなものは見えてきませんか。

本多勝一守護霊　うーん、いやあ、よく分かんないんだよ。昔の記憶が薄《うす》くて、よく分からないけど、何だか、穴に埋《う》められたような感じがしないわけでもない。

綾織　穴に埋められた？

本多勝一守護霊　なんかねえ、死体になって、穴んなかに放り込まれたような感じがしないでもない。穴んなかへ入れられてから、埋められたような気もしないでもないなあ。なんか、そういう……。

綾織　その場所は、どこか分かりますか。

本多勝一守護霊　分からないなあ。

小林　そのとき、周りの人は、東洋人の顔をしていましたか。日本人とか。

本多勝一守護霊　うーん……。分からないなあ。よく分からない。よく分からないけど、何だか、たくさん仲間がいたような気はするけども……。

小林　たくさん仲間がいたのですね。

軍服を着た数多くの死体が「穴」に埋《う》められているのが見える

本多勝一守護霊　でも、軍服のようなものも、ちょっと見えるから、軍服を着てるように思う。なんか、殺された人たちが、穴んなかに放り込まれて、埋《う》められたのかなあ。なんか、そんな感じが、ちょっと見える。それが、どういうことなのか、よく分からないんだ。

綾織　それは、日本人ではない？

本多勝一守護霊　え？

綾織　日本人ではないのですか。

本多勝一守護霊　いやあ、分からないんだよ。君らは宗教だから、勝手に捏造《ねつぞう》する自由があるからいいけど。

綾織　いいえ。あなたの言葉を真実だと思って聞いています。

本多勝一守護霊　俺はジャーナリストだから、事実に基《もと》づいてしか言えない。よく分かんないけど、何となく、軍服を着て死んでいるような人たちが、たくさん穴のなかへ入れられて、埋められたような感じは見えるので、意識がそっちに行かないように、この世のほうに向けるように、一生懸命《いっしょうけんめい》してるんだが。

矢内　「中国では、国民党と中国共産党の内戦で亡くなった人を、掘《ほ》った穴に大量に埋めることがよくあった」という話は聞いています。

あなたは、そのなかのお一人だったのでしょうか。

本多勝一守護霊　うーん……。もう、それは無理だなあ。分からんなあ。
俺は、もう……。

自分が死体になっている光景は「悪夢」なのか

綾織　日本でのことではないですよね。

本多勝一守護霊　うーん……。いや、本多だと思うんだよな。俺、本多勝一だと思うんだよなあ。

綾織　はい。それは分かります。

本多勝一守護霊　なんで、そんなものが出るのか。生きてるんだろう？　生きてるはずだよねえ。生きてるはずだから、なんで、そういう死体みたいなものが穴んなかに入っていくような感じが出るのか、どうしても分からないんだ。

これは、悪夢のような、なんか、そういう……。

綾織　悪夢のお話で結構です。

本多勝一守護霊　何か外傷体験でもあって、もしかしたら、人体実験でもされて、記憶を埋め込まれたか何かしたのかなあ。何だか分からないんだけど、そういう、放り込まれて死体になったのか、死体になって放り込まれたのか、知らんが、穴んなかに入ったような感じがしてしょうがないんだよなあ。これは何なのだろう。どうしても、それ以上、分からない。

「日清《にっしん》」という言葉に反応する本多氏の守護霊

綾織　それから、何かの対象が憎いというような感情は出てきますか。

本多勝一守護霊　憎いかどうか……。うーん……。でもねえ、帽子《ぼうし》みたいなものが、ちょっと見える。あの帽子は、日本軍の帽子みたいな気がしないではないなあ。

小林　うーん。

本多勝一守護霊　何なのだろうかねえ。分からないなあ。

小林　先の大戦の前には、日清《にっしん》戦争とか、日露《にちろ》戦争とかがありましたけれども。

本多勝一守護霊　ああ、前の戦争？　日清？　日露？　うーん……。ああ、そうだ。「日清」って聞いたときに、ちょっとビクッと来たなあ。

小林　ああ、そうですか。

綾織　日本軍と戦いましたか。

本多勝一守護霊　俺、元は中国人だったのかなあ。うーん、なんか……。

「スパイ」をしていたが、見つかって殺された

小林　かぶっていた帽子は日本軍の帽子ではなかったのですか。

本多勝一守護霊　日本軍の帽子……。いったい、どういうことなんだろう。分から

ない。もしかしたら、俺、スパイだったかもしれない。

小林　ああ。

本多勝一守護霊　なんか、スパイをやってたのかもしれないなあ。

小林　なるほど。

本多勝一守護霊　スパイかも。スパイのような気がするなあ。

小林　はい。スパイは大勢いましたからね。

綾織　日本軍のスパイで、相手方に……。

本多勝一守護霊　よく思い出せないので、ちょっと、どうしようもないんだけど、なんか、相手と……。

小林　逆ではないのですか。

本多勝一守護霊　スパイをしてたような気がしてしかたがない。

小林　中国からのスパイで、日本のことをスパイしていたのですか。

本多勝一守護霊　どっちかは分からないけど、とにかく、最後は、やっぱり殺されたような気がするな。

小林　ああ、見つかったわけですね。

矢内　「中国人で、スパイ行為《こうい》をしていたのを日本軍に見つかった」ということですか。

本多勝一守護霊　うーん……。でも、なんか、草原をすっごく走ったような記憶も、今、チラッと出てくる。あれは、どこなんだろうかねえ。

矢内　騎馬《きば》民族？

本多勝一守護霊　分からない。分からないけど、何か、スパイのような仕事をしてたような気も、ちょっとするんだよなあ。分からない。俺の記憶では、これ以上、出てこないや。

武器を持っている連中に「カンフー」で立ち向かった

綾織　そこから出てくる気持ちは、「日本軍が憎い」ということでしょうか。

本多勝一守護霊　うーん……。日本軍なのかなあ。なんかねえ、武器を持ってる連中が憎いなあ。

綾織　うーん。

本多勝一守護霊　いやあ、カンフーで立ち向かったかなあ。なんか、頭が弁髪《べんぱつ》みたいな感じがするなあ。

綾織　ああ、弁髪。

本多勝一守護霊　うん。だから、これは、「義和団《ぎわだん》の乱」のころなのかなあ。

綾織　義和団ですか。

本多勝一守護霊　なんか知らんけど、うーん……。

綾織　そのときに、日本軍も出兵しましたね。

本多勝一守護霊　銃《じゅう》を持ったやつらが……、銃と剣《けん》を持ったやつらが嫌《いや》だなあ。

小林　なるほど。

綾織　まあ、各国が出兵してきましたけれども、そのなかで……。

本多勝一守護霊　何となく、俺は、拳法《けんぽう》を……。あちらの「憲法」でなくて、中国の「拳法」をやったと思うけど、守れなかったような気もする。やられたのかなあ。

何となく、スパイもしてたような気もするけど、よく分からない。もしかしたら、日本の軍部か、あるいは、外交部かなんかの人の屋敷《やしき》に出入りしていたのかもしれない。

小林　ああ、なるほど。

本多勝一守護霊　とにかく、最後に殺されたのは間違《まちが》いないなあ。

小林　確かに、日本の大使館などでも、スパイの手引きがあって、焼き討《う》ちにあったり、大使夫人《ふじん》が殺されたりしていましたからね。

神様から「日本の新しい〝神〟になれ」と言われた？

本多勝一守護霊　ちょっと、記憶がよく分からない。でも、なぜか、とにかく戦争反対なんだよ。

綾織　「戦争になるのは嫌だ」という気持ちがあるのですね。

本多勝一守護霊　だからねえ、何だか知らないけど、よく分かんないけども、とにかくね、神様が、もう一回、命をくれたんだよ。命をくれて、「使命を全うせよ」と教えてくれたんだよ。

綾織　使命を全うできたかどうか、ちょっと怪《あや》しいところがあると思います。

矢内　日本に対して、ものすごい恨《うら》みをお持ちのまま亡くなった可能性はないでしょうか。

本多勝一守護霊　いやあ、今、神様に、「日本の新しい〝神〟になれ」と言われたような気がするなあ。

小林　何か、別の使命を託《たく》されたのでしょうか。まだ、地上のご本人の余命は、あと何年かはあるかと思いますので、ぜひ、改心をご期待申し上げます。

本多勝一守護霊　もう、君らの宗教の世界へ入ってしまって、俺も精神病院行きだから、これ以上は入りたくはないけどさあ、とにかく、こんな老人をいじめるっていうのはねえ、人道主義に反するよ。

綾織　いえいえ。今日は、あなたご自身のことをお伺いしたかったので、本当にありがとうございます。あなたのお考えが、よく分かりました。

本多勝一守護霊　大勢で〝リンチ〟にかけてるんだからさ。

8　守護霊に訪《おとず》れた「改心のとき」

「朝日の社長よりも踏《ふ》み込《こ》んで答えた」という自覚はない

小林　あなたが、ここまでお答えになられるのは立派だと思います。

矢内　そうですね。

本多勝一守護霊　俺《おれ》、俺、俺、俺、何か、答えたか？

小林　ええ。「朝日」の社長（守護霊）は、そこまではお答えになりませんでしたから、社長を超《こ》えたと思います。

本多勝一守護霊　お、お、俺は、何か答えたっけ？

小林　ええ。箱島《はこしま》元社長を超えましたので、偉《えら》いと思います（注。二〇〇三年七月、当時の朝日新聞社社長、箱島信一《しんいち》氏の守護霊を招霊《しょうれい》した）。

本多勝一守護霊　え？　え？　え？　ええ？　ええ？　何をほめられてるのか、意味が分からない。俺、何か、そんなことを答えたかな。

小林　はい。答えられました。

本多勝一守護霊　何も答えていないつもりでいたけど。

矢内　あなたは、「嘘《うそ》だ」ということを……。

本多勝一守護霊　あ、「嘘だ」って言った？

矢内　「南京大虐殺《ナンキンだいぎゃくさつ》は嘘だ」と、ある程度、認識しながらルポを書かれたことを、あなた自身のお言葉で頂きましたから。

本多勝一守護霊　「嘘だ」なんて、一言も言っていないじゃない。「中国は統計が取れない国だ」って言っただけじゃないの。

綾織　「中国のために、言われるがままに書いた」ということは、おっしゃっていました。

本多勝一守護霊　「統計が取れない国だ」っていうことと、「向こうに行ったら、『接待』されただろうね」っていうことと、「弱みぐらいつかまれたのは、当たり前でしょうね」っていうことは言った。

そんなのは当たり前で、私としては、先刻承知の上のことだよ。「特権を与《あた》えられたんだから、向こうにお返しをしなきゃいけない」ということで、やったわけだ。それから、「社長の懐刀《ふところがたな》だったので、エース記者になれた」ということだよね。

小林　そうですね。ありがとうございます。

本多勝一守護霊　それが、何か答えになるんですか？　そんなことでいいんですか？

小林　はい。十分なお答えになっています。

「あの中国で取材ができただけでも前進」という価値判断

本多勝一守護霊　私は、自分のジャーナリストとしての信念に基《もと》づいて、自分で見て、聞いて、取材したことを、書いただけですから、嘘は書いていません。

向こうから取材したとおりのことを書いただけです。

矢内　中国政府が用意した証言者の話を聴《き》き、その裏付け取材を一切《いっさい》しなかったことに関して、あなたのジャーナリストとしての良心は、どうですか。

本多勝一守護霊　いや、それはねえ、何もないよりは、向こうに行って取材ができただけでも、やっぱり前進じゃないですか。

小林　そういう価値判断ですね。

本多勝一守護霊　あとから、もっと深く掘《ほ》りたい人がいれば、掘ればいいし、反対の意見があれば、反対の取材をすればいいんであってね。あの国で、そんな反対の取材ができるもんなら、やってみろ。

小林　分かりました。

矢内　それで、あなたは栄誉栄達《えいよえいたつ》を得られたので、よかったわけですね。

本多勝一守護霊　うん。

矢内　その結果に対する責任を、今、取ろうとは思われませんか。

本多勝一守護霊　俺、筆力には自信があるなあ。党首になるような人まで洗脳できたんだったら、俺、来世《らいせ》は教祖だな。

矢内　でも、私は、すぐに完全に離《はな》れました。あなたが広めた歴史観は、真実ではないから、すぐにメッキが剝《は》がれるんですよ。

本多勝一守護霊　名前がよかったんだ。「本が多くて、勝つ、一番」という、この名前が、カリスマを生んだんだよ。

小林　分かりました。本日は、貴重なご意見をお聴かせいただきまして、本当にありがとうございました。

「『百人斬り《ぎ》』も『南京大虐殺《ナンキンだいぎゃくさつ》』もなかった」と告白を始める

本多勝一守護霊　君たち、何にも訊《き》いてないよ。何を訊いたんだ？

君たちは、何？　シナリオを決めて、自分らで勝手にしゃべってるだけ？

小林　いえいえ。そんなことはありません。まったく白紙の状態で、ここにお出まし願って、非常に貴重な取材をさせていただきました。

本多勝一守護霊　いや、貴重なことは何にも訊いてないよ。ほんとのことは、何にも、君らは訊いてないよ。

小林　では、最後に一点だけ、お伺《うかが》いしますが、あなたのおっしゃりたい「本当のこと」というのは、何ですか。

本多勝一守護霊　だから、「百人斬《ぎ》り」は事実だったかどうかを追及《ついきゅう》しなかったでしょう？　君たちが勝手に「嘘だ」って言っただけで。

小林　いやいや。

本多勝一守護霊　私は、何も言ってないじゃない。

小林　いや、言っていますよ。では、あれは、やはり、でっち上げだったんですね。

本多勝一守護霊　そうです。

小林　はい。分かりました。ありがとうございます。

本多勝一守護霊　それから、南京《ナンキン》大虐殺《だいぎゃくさつ》？

小林　はい。

本多勝一守護霊　あれも、なかったよ。

小林　ああ。

本多勝一守護霊　うんうん。

小林　ありがとうございます。

本多勝一守護霊　なかったよ。まあ、なかったっていうか、「死者がゼロ」っていうことはないけどね。それはまあ、軍隊がいて、「死者がゼロ」ということはないけどもね。

向こうにもゲリラ兵はいたからさ、ゲリラ兵との撃《う》ち合いや斬り合いはあったとは思うけども、現実には、正規軍みたいな感じで全滅《ぜんめつ》させるような戦いはなかったよ。これは本当だ。

本多氏守護霊が明かす「従軍慰安婦《じゅうぐんいあんふ》問題」の真実

小林　あとは、「従軍慰安婦《じゅうぐんいあんふ》」に関しても、「いわゆる『泣き屋』という人たちが演技をしているだけで、実は、向こうが言っているような実態はなかった」ということですが（『従軍慰安婦問題と南京大虐殺は本当か？』〔幸福の科学出版刊〕参照）。

本多勝一守護霊　うん。まあ、やらせはあるだろうな。

だから、ゼロっていうのは無理かもしらんけどね。今、ちょっと、橋下《はしもと》市長が、本日ただいま、アメリカや韓国《かんこく》や、いろんなところから顰蹙《ひんしゅく》を買っていて、日本の他の政党からも、票を減らされたくねえから、つま弾《はじ》きにされようとしておる（注。五月十三日、橋下市長は、慰安婦問題について、「当時、慰安婦制度は必要だった」と述べ、さらに、在日米軍幹部に対して、「海兵隊員に風俗《ふうぞく》業者を活用してほしい」などと述べた）。

まあ、彼が、大阪《おおさか》のおっさん風の、ちょっと下品な言い方をしたところに、マナーの問題はあるかもしらんけども、「日本軍が突出《とっしゅつ》して、ほかの軍隊より悪かった」ということはない。だから、外人っていうか、特に韓国人は、そうなんだよ。韓国人は、もう、日本人をセックス・アニマルだと決めつけてるのでね。

それは、呉善花《オソンファ》（韓国生まれの日本評論家）が書いてるとおりだろう？「韓国にいるときには、『日本のホテルには売春婦がたくさんいて、ホテルに泊《と》まったら、売春婦が一緒《いっしょ》に入ってきて泊まる。どこの一流ホテルでもそうだ』と聞いていたのに、日本に来て、ホテルへ行ったら、売春婦なんか一人もいやしないので、びっくりした」って書いてある。それで、びっくりするぐらいなんだよ。

韓国へ行ったらね、男が一人でホテルに入ると、あとを女性が付いてくるからね。これが普通《ふつう》だから、「自分らがやってることは、日本もやってる」と思ってるのよ。中国も一緒なのよ。「自分らがやってることは、日本人もやる」と思ってるのよ。それだけなの。「自分らが残虐に殺すように、日本人も殺す」と思ってるのよ。

自分らは、戦後、ほんとは、たくさんたくさん人を殺して、ものすごい数の人を殺したから、それを戦前の日本にすり替《か》えてるだけよ。まあ、実際は、そういうことさ。それは知ってるよ。

だから、助平《すけべ》なのは、日本人じゃなくて韓国人です。ほんとは、恥《は》ずかしいのは向こうです。日本の外交団は、ニューヨークに行ってエッチしたりしません（注。朴槿恵《パククネ》大統領の訪米に同行していた大統領府の報道官が、在米韓国大使館の女性スタッフへのセクハラ行為《こうい》があったとして更迭《こうてつ》された）。あれは韓国人だからできることです。

全部すり替えてるのよ。本当は自分らの恥ずかしいところを日本に全部持ってきてるのよ。だから、すべてについて、「日本から悪いウイルスが入って、うつったんだ」みたいな言い方をしてるのね。

これだけは、「正直」に言っといてやるよ。な? せっかく呼んでくれたから、言っといてやるさ。それだけはな。


「ソ連の崩壊《ほうかい》」や「中国の悪」を見て後半生は苦しんでいる

矢内　今のお言葉は、あなたの、ジャーナリストとしての「最後の良心」の、ちょっとした煌《きら》めきでしたね。
本多勝一守護霊　それは、「最後の良心」じゃなくて、最初から良心の塊《かたまり》なの。最初から良心の塊。君に、なんか迷惑《めいわく》をかけたような言い方をするからさあ。俺の本を読んで浪人《ろうにん》したって？　そんなことはないだろう？

矢内　ええ。

本多勝一守護霊　国語力が付いたんだろう？　うん？

矢内　当時、あなたを立派な人だと思った瞬間《しゅんかん》がありました。
でも、今日、あなたの最後のお言葉を聞いて、あなたにも良心の煌めきというか、仏性《ぶっしょう》が宿っていらっしゃることを、改めて、ちょっと感じました。

本多勝一守護霊　良心って……。だって、俺を否定したら、朝日新聞は崩《くず》れるよ。

矢内　はい。

本多勝一守護霊　俺を否定したら、崩れちゃうよ。

矢内　願わくば、ご本人が生きていらっしゃる間に、あなたがおっしゃったようなことを、ご本人がしっかりと弁明して、反省の言葉を日本国民に対して述べていただきたいと思っております。

本多勝一守護霊　だから、後半生は、俺だって、けっこうきつい人生を生きてるんだよ。前半は輝《かがや》いてたけども、後半はけっこう苦しいんだ。

特に、ソ連が崩れてきたりね、あと、今は、もうこれ以上、中国が悪いことをするのは見たくないな。それを見たら、もう終わりになっちゃうね。もう見たくないなあ。

だけど、なぜか長生きさせられて困ってるんだよなあ、ほんとは。

「光」が入ってきて、少し癒《いや》されるような感覚がある

綾織　後半生だけではなくて、その先（来世）もありますので、ぜひ、地上で反省をしていただきたいと思います。

矢内　「天が、反省する機会を与えてくださっているのだ」と受け止めてください。

本多勝一守護霊　その先のことは分からないけど、呼んでくれて、話を聞いてくれて、何となく、気持ちいい感じの光が少し入ってくるんだよな。

綾織　ああ、少し反省が進んだのでしょうか。

本多勝一守護霊　何だか知らないけど、少し癒《いや》される感じがあるような気がするな

あ。何だか知らないけどさ。よく分かんないんだけどさ。俺、大川隆法は大嫌《だいきら》いなんだけどなあ。

小林　でも、それは大川隆法総裁の光ですので、機会があれば、ぜひ、本も読んでいただければと思います。

本多勝一守護霊　いやあ、あんなに本を出すってねえ、やっぱり、インチキくさいよね。有名人を騙《かた》って本を出すってさあ、捏造《ねつぞう》じゃねえか？

小林　「自分ができないから」と言って、そういう……。

綾織　こうして収録されたものを、そのまま発表しているわけですから。

本多勝一守護霊　いや、俺は、「本多勝一が有名人だ」と認めてくれたことは感謝するけどさあ、本の捏造はいかんよ。

綾織　いや、今、あなたが霊言《れいげん》をしているのは事実でしょう?

本多勝一守護霊　本人が捏造だって言ってるんだから捏造だよ、これ。

小林　「捏造はいけない」というのは、かつてのあなたの行為に対して申し上げるお言葉です。

本多勝一守護霊　うーん。

小林　本日は、こういう機会を頂きまして、本当にありがとうございました。

矢内　あなたの今世《こんぜ》の人生において、一つの大きな教訓だと思いますよ。

「幸福実現党が勝つチャンスが来た」という意外な応援《おうえん》

本多勝一守護霊　いやあ、君らねえ、せっかく来たんだから、一言、言わせてよ。国会で安倍《あべ》首相が謝《あやま》ってるんだろう? もう、政権崩壊《ほうかい》するじゃんか。だから、幸福実現党は勝てるぜ。やっと勝てるチャンスが来たよ（会場笑）。あとは、「維《い》新《しん》」も駄目《だめ》だろ? 「みんな」も逃《に》げてるし、民主党は壊滅寸前だし、もう勝つところはないじゃない。どこに票数を入れるのよ。

矢内　はい。おっしゃるとおりです。

本多勝一守護霊　今、勝たなきゃ、勝つときはないよ、君。

矢内　おっしゃるとおり、もう最大のチャンスが来ています。

本多勝一守護霊　勝て！　勝ってしまえよ。

矢内　はい。

本多勝一守護霊　もう、勝っちゃえ、勝っちゃえ、勝っちゃえ、勝っちゃえ。

矢内　必ず勝てる位置にいます。

本多勝一守護霊　与党《よとう》に入っちゃうんじゃない？

矢内　幸福実現党は必ず勝ちます。

本多勝一守護霊　今、チャンスだぞ、これ。入れ、入れ、入れ、入れ！

矢内　はい。

本多勝一守護霊　入れ、入れ！　安倍を組み敷《し》くんだ。やっちゃえ、やっちゃえ。朝日が安倍を〝強姦《ごうかん》〟するんだ。やっちゃえ！　やっちゃえ、やっちゃえ！

矢内　いやあ、あなたから、こういう機会に応援《おうえん》いただけるなんて、夢にも思いませんでした（会場笑）。ありがとうございます。

本多勝一守護霊　自民党なんか、もう〝従軍慰安婦〟にしちゃえ！

矢内　幸福実現党は、必ず勝利するよう頑張《がんば》ります。

本多勝一守護霊　やれ、やれ、やれ！　もうヤケになったから、どうでもいいや（会場笑）。好きにしやがれ。もう知らねえや。

綾織　ありがとうございます。

矢内　今日は、本当にありがとうございました。

小林　ありがとうございました。

本多勝一守護霊　はい、はい。どうも。

9　戦後マスコミを検証する時が来た

霊言《れいげん》中に「光の体験」をしたらしい本多氏守護霊

大川隆法　うーん、何だか、不思議な体験をしたのでしょうね。そんな感じです。不思議体験をしたみたいですね。

この感じは、何か「光」を見たのでしょう。話をしている間に、どうやら、この人は、「光の体験」をしたみたいですね。何か荘厳《そうごん》なるものを見ましたね。

おそらく、天使たちが近くに来ているのを見たのだと思われます。最後に、「贖《しょく》罪《ざい》しなさい」と言われたような感じを、私は受けました。

生きているご本人のほうは、そう簡単ではないとは思いますが、これが、何かのきっかけになればよいとは思います。

彼自身、本や記事を書いているときには、自分が有名になったり、本が売れたり、記事が評判になったりすることに夢中になっていて、後世、これほど影響《えいきょう》が出るとまでは思っていなかったのでしょうし、このように使われるとまでは考えていなかったのでしょう。「いろいろと利用される」ということまで考えなかったわけですね。

そういうところに、少し良心の痛みがあるようなので、「当会から、それを少し修正するチャンスを何かもらえたらいいな」と委託《いたく》されたような感じが、ちょっとだけしました。「生きているうちに直しておいてほしい」という気持ちは、今、少しだけ感じましたね。

でも、実際上、それは本人も感じているのではないでしょうかね。晩年は、この人の信者というか、信奉者《しんぽうしゃ》、読者が、スーッと減っていきましたし、「自分の応援《おうえん》していた国が、悪い国であった」という事実が、ジワジワと明らかになってきていますので、非常につらいところでしょうね。

今は、テレ朝であろうと、朝日新聞であろうと、中国や北朝鮮《きたちょうせん》の悪さについては、いちおう報道していますから、知らないわけではないでしょう。

耐用年数《たいようねんすう》を過ぎ、滅《ほろ》びに入っている「日本のマスコミ」

大川隆法　しかし、マスコミは、「金正恩《キムジョンウン》がミサイルを引っ込《こ》めた」などというだけで、すぐコロッと忘れたように、「憲法九条改正反対」と言うぐらい節操がありません。またミサイルを出してきたら、急に困るのでしょうが、その程度のレベルであり、思想に一貫性《いっかんせい》がないのです。

この本多勝一氏は、あくまでも象徴《しょうちょう》であって、本当は、「今、マスコミ全体が、戦後の検証に入って反省をしなければならないきっかけというか、時期が来ているのだ」と思います。ただ、「自分の歴史を、全部、否定する」「社史を、全部、否定する」というのは、かなりきついことでしょうね。

さらに、今、インターネット時代が到来《とうらい》し、「マスコミが潰《つぶ》れるかもしれない」という危機が一緒《いっしょ》に迫《せま》ってきているわけです。

つまり、「もし、反省をしたら、潰れるかもしれない。『嘘《うそ》を言ってきました』と言って認めたら、山一證券《やまいちしょうけん》のように潰れるかもしれない」ということです。「『社員は悪くありません。嘘をついてきたのは私たちでございます。ごまかしたのは私たちでございます』と言った瞬間《しゅんかん》に、会社が崩壊《ほうかい》するのではないか」という恐怖《きょうふ》を感じているのです。そのため、嘘を認めたくない気持ちがあるのだろうと思います。

マスコミとの距離《きょり》の取り方は、極《きわ》めて難しいのですが、やはり、滅《ほろ》びていくものを感じます。会社にも、耐用《たいよう》年数があるのかもしれません。

基本的に、宗教のほうが寿命《じゅみょう》が長いのです。会社は百年もてばよいほうでしょう。朝日新聞は、本多勝一氏と共に去っていくのか。それとも転向するのか。見てみたいところです。

幸福実現党にとって最大のチャンスが到来《とうらい》した

矢内　まさに、今、時代が大きく転換《てんかん》する中間点であり、「幸福実現党が、本当の意味で頑張《がんば》らなければいけないときが来ている」と思います。

大川隆法　ええ。

矢内　必ず、新しい時代をつくるために、全力を尽《つ》くして頑張ります。

大川隆法　「今なら、議席を取れるぞ」と言ってくれました。ありがたい話です。

矢内　はい。

大川隆法　大変なことですね。

矢内　思わぬ援軍でございました。

大川隆法　思わぬ援軍で、「今だったら勝てる」と言ってくれましたね。

矢内　ええ。最大のチャンスだと思います。

大川隆法　そうでしょうね。

矢内　はい。

大川隆法　安倍《あべ》首相だって、幸福実現党に勝ってほしいぐらいかもしれません。そうしないと、憲法九条を変えられませんからね。「もう少し頑張っていただきたい」と思っているかもしれません。

矢内　はい。必ず、使命を全うします。

大川隆法　それでは、以上にしましょう。

矢内　はい。

大川隆法　ありがとうございました。

あとがき

共産主義に正義を感じる人もいるだろうが、「無神論・唯物論・経営者悪玉論」から出てくる結論は、ナチスのユダヤ人虐殺《ぎゃくさつ》とかわらないのだ。

いつの日か近い将来、カンボジアのポルポト政権と同じく、中華人民共和国、旧ソ連、北朝鮮で殺された数多くの人たちの真実が明らかになる時がくるだろう。中国に靖国神社参拝を、日本政府が「許可」してもらえなかったことを恥ずかしく思う日がきっと来ることだろう。ありもしない日本兵による中国人の「百人斬り競争」、「南京三十万人大虐殺」、軍部の強制連行による「従軍慰安婦制度」などが、虚偽にもとづいて日本人を卑屈にさせる作戦だったことが判るようになるだろう。

欧米諸国は、アジア・アフリカ諸国を「隷従《れいじゅう》」の中に置いたが、日本はアジア・アフリカ諸国を「独立」させた。

アメリカは、日本を倒して、共産主義を全世界に解き放った。

事実は事実、真実は真実である。

二〇一三年　五月十八日

幸福実現党総裁《こうふくじつげんとうそうさい》　大川隆法《おおかわりゅうほう》

『本多勝一の守護霊インタビュー』大川隆法著作関連書籍

『現代の法難④——朝日ジャーナリズムの「守護神」に迫る——』（幸福の科学出版刊）
『朝日新聞はまだ反日か——若宮主筆の本心に迫る——』（同右）
『地獄の条件——松本清張・霊界の深層海流』（同右）
『国家社会主義とは何か』（同右）
『従軍慰安婦問題と南京大虐殺は本当か？』（同右）
『バーチャル本音対決』（幸福実現党刊）

本多勝一の守護霊インタビュー

――朝日の「良心」か、それとも「独善」か――

2013年5月24日　初版第1刷

著　者　大《おお》川《かわ》隆《りゅう》法《ほう》

発　行　幸福実現党

〒107-0052 東京都港区赤坂2丁目10番8号
TEL(03)6441-0754

発　売　幸福の科学出版株式会社

〒107-0052 東京都港区赤坂2丁目10番14号
TEL(03)5573-7700
http://www.irhpress.co.jp/

印刷・製本　株式会社 東京研文社

落丁・乱丁本はおとりかえいたします

ISBN978-4-86395-335-2 C0030
写真：毎日新聞社/PANA
イラスト：水谷嘉孝

大川隆法 霊言シリーズ・日本の自虐史観を正す

公開霊言 東條英機、「大東亜戦争の真実」を語る

戦争責任、靖国参拝、憲法改正……。他国からの不当な内政干渉にモノ言えぬ日本。正しい歴史認識を求めて、東條英機が先の大戦の真相を語る。

【幸福実現党刊】

1,400円

従軍慰安婦問題と南京大虐殺は本当か？

左翼の源流 vs. E.ケイシー・リーディング

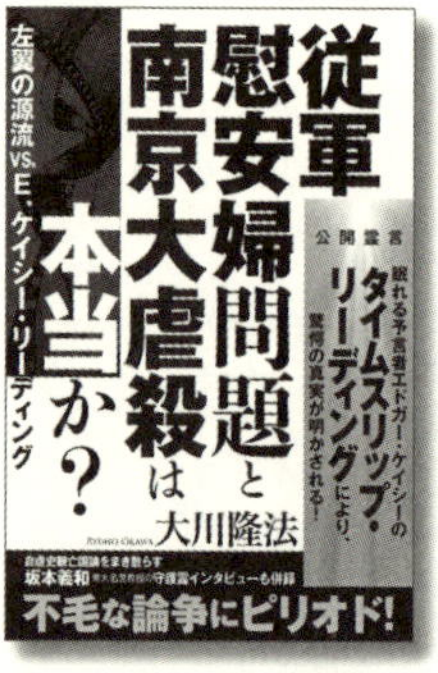

「従軍慰安婦問題」も「南京事件」も中国や韓国の捏造だった！ 日本の自虐史観や反日主義の論拠が崩れる、驚愕の史実が明かされる。

1,400円

マッカーサー 戦後65年目の証言

マッカーサー・吉田茂・山本五十六・鳩山一郎の霊言

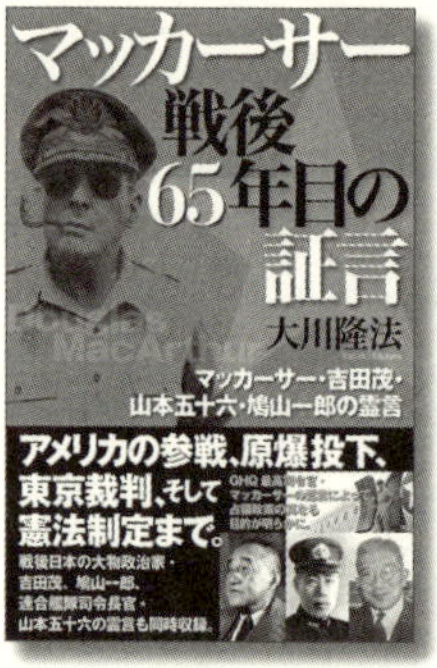

GHQ 最高司令官・マッカーサーの霊によって、占領政策の真なる目的が明かされる。日本の大物政治家、連合艦隊司令長官の霊言も収録。

1,200円

※表示価格は本体価格（税別）です。

大川隆法 霊言シリーズ・マスコミの正義を検証する

ナベツネ先生 天界からの大放言

読売新聞・渡邉恒雄会長 守護霊インタビュー

混迷する政局の行方や日本の歴史認識への見解、さらにマスコミの問題点など、長年マスメディアを牽引してきた大御所の本心に迫る。

1,400円

朝日新聞はまだ反日か

若宮主筆の本心に迫る

日本が滅びる危機に直面しても、マスコミは、まだ反日でいられるのか!? 朝日新聞・若宮主筆の守護霊に、国難の総括と展望を訊く。

1,400円

NHKはなぜ幸福実現党の報道をしないのか

受信料が取れない国営放送の偏向

偏向報道で国民をミスリードし、日本の国難を加速させたNHKに、その反日的報道の判断基準はどこにあるのかを問う。

1,400円

スピリチュアル政治学要論

佐藤誠三郎・元東大政治学教授の霊界指南

憲法九条改正に議論の余地はない。生前、中曽根内閣のブレーンをつとめた佐藤元東大教授が、危機的状況にある現代日本政治にメッセージ。

1,400円

憲法改正への異次元発想

憲法学者NOW・芦部信喜 元東大教授の霊言

憲法九条改正、天皇制、政教分離、そして靖国問題……。参院選最大の争点「憲法改正」について、憲法学の権威が、天上界から現在の見解を語る。
【幸福実現党刊】

1,400円

北条時宗の霊言

新・元寇にどう立ち向かうか

中国の領空・領海侵犯、北朝鮮の核ミサイル……。鎌倉時代、日本を国防の危機から守った北条時宗が、「平成の元寇」の撃退法を指南する！
【幸福実現党刊】

1,400円

大川隆法 霊言シリーズ・中国・北朝鮮情勢を読む

守護霊インタビュー 金正恩の本心直撃!

ミサイルの発射の時期から、日米中韓への軍事戦略、中国人民解放軍との関係──。北朝鮮指導者の狙いがついに明らかになる。 【幸福実現党刊】

1,400 円

長谷川慶太郎の守護霊メッセージ

緊迫する北朝鮮情勢を読む

軍事評論家・長谷川氏の守護霊が、無謀な挑発を繰り返す金正恩の胸の内を探ると同時に、アメリカ・中国・韓国・日本の動きを予測する。

1,300 円

中国と習近平に未来はあるか

反日デモの謎を解く

「反日デモ」も、「反原発・沖縄基地問題」も中国が仕組んだ日本占領への布石だった。緊迫する日中関係の未来を習近平氏守護霊に問う。 【幸福実現党刊】

1,400 円

小室直樹の大予言

2015 年 中華帝国の崩壊

世界征服か? 内部崩壊か? 孤高の国際政治学者・小室直樹が、習近平氏の国家戦略と中国の矛盾を分析。日本に国防の秘策を授ける。

1,400 円

幸福の科学出版　　※表示価格は本体価格(税別)です。

幸福実現党

国政選挙
候補者募集！

幸福実現党では衆議院議員選挙、
ならびに参議院議員選挙の候補者を公募します。
次代の日本のリーダーとなる、
熱意あふれる皆様の
応募をお待ちしております。

応募資格	日本国籍で、当該選挙時に被選挙権を有する幸福実現党党員 （投票日時点で衆院選は満25歳以上、参院選は満30歳以上）
公募受付期間	随時募集
提出書類	① 履歴書、職務経歴書（写真貼付） ※希望する選挙、ならびに選挙区名を明記のこと ② 論文：テーマ「私の志」（文字数は問わず）
提出方法	上記書類を党本部までFAXの後、郵送ください。

幸福実現党本部
〒107-0052　東京都港区赤坂 2-10-8
TEL 03-6441-0754　FAX 03-6441-0764